U0915082

中社智库

新时代智库出版的领跑者

智库 中社
国家智库报告 2023（29）
National Think Tank
经　济

中国的新技术与机器人产业态势研究
——工作与闲暇共舞的科技未来

魏翔　夏杰长　仲一鸣　著

RESEARCH ON CHINA'S NEW TECHNOLOGY AND ROBOT INDUSTRY: THE SYNERGETIC FUTURE OF EMPLOYMENT AND LEISURE

中国社会科学出版社

图书在版编目(CIP)数据

中国的新技术与机器人产业态势研究：工作与闲暇共舞的科技未来／魏翔等著．—北京：中国社会科学出版社，2023.8
（国家智库报告）
ISBN 978-7-5227-2331-0

Ⅰ.①中…　Ⅱ.①魏…　Ⅲ.①高技术产业—关系—机器人—产业发展—研究—中国　Ⅳ.①F279.244.4②F426.67

中国国家版本馆 CIP 数据核字（2023）第 139827 号

出 版 人　赵剑英
责任编辑　党旺旺　马婷婷
责任校对　郝阳洋
责任印制　李寡寡

出　　版　中国社会科学出版社
社　　址　北京鼓楼西大街甲 158 号
邮　　编　100720
网　　址　http://www.csspw.cn
发 行 部　010-84083685
门 市 部　010-84029450
经　　销　新华书店及其他书店

印刷装订　北京君升印刷有限公司
版　　次　2023 年 8 月第 1 版
印　　次　2023 年 8 月第 1 次印刷

开　　本　787×1092　1/16
印　　张　12.25
插　　页　2
字　　数　155 千字
定　　价　68.00 元

凡购买中国社会科学出版社图书，如有质量问题请与本社营销中心联系调换
电话：010-84083683
版权所有　侵权必究

摘要： 本报告通过分析发现，技术密集型产业持续吸纳就业，机器人助力拓展劳动市场边界。其中城市群产业布局影响机器人部署类型，进而影响岗位用工需求。并且随着人口结构变化加快，老龄化需求增加，机器人补充替代劳动力，服务机器人将变得更加重要。本报告指出，机器人的替代与创造效应共存，服务业机器人岗位需求强劲，而且岗位内部存在异质性差异，服务业机器人供需基本同频。尤其值得关注的是，闲暇时间创造了更多的非正式就业。送餐员、快递员、主播需求呈现倍数增长，IT维修/技术支持和网络运营略有下降。同时，也需注意到，在不同区域间机器人行业尚未均衡发展，制造业与服务业的深度融合已成为产业发展的主流趋势。总之，无论在学术领域还是在商业领域，人工智能的开发与应用是发展热点之一。长期内人工智能的发展和应用会创造更大容量、更高质量的就业空间，但短期内更需要关注就业市场可能造成的一定负面影响。本报告认为，“机器代人”在理论上会冲击就业，机器人对经济产生更深入、更良性的影响需要走好人与机器人共同协作的人机协同阶段。

关键词： 机器人；人工智能；闲暇时间；人工替代；人机协同

Abstract: This book has found that the technical intensive industry continues to absorb employment, and the robot helps to expand the labor market boundary. The urban agglomeration of industrial layout affects the type of robot deployment, which can influence the demand of the jobs. And as the change in population structure, the demand for aging increases, the robots complement the labor force, and the service robots will become more important. This book points out that the substitution effect and creative effect of the robot co-exist, the demand of the service robot is strong, and there is heterogeneity in the position, and the supply and demand of the service robots are basically the same frequency. What is particularly noteworthy is that leisure time creates more informal employment. The demand for food delivery drivers, couriers and anchors has increased multiple times while maintenance/technical support and network operations have declined slightly. At the same time, it is also important to note that the deep integration of manufacturing and service industry has become the mainstream trend of industry development in different regions. In short, the development and application of artificial intelligence is one of the hot spots in the field of business. The development and application of long-term internal people's smart intelligence will create more large capacity and higher quality employment space, but in the short term, it will be more important to focus on the negative effects of the job market. This book says that "machine generation" is going to hit jobs, and that robots have a deeper and more benign impact on the economy, and that there is a need for people to work with robots.

Key words: Robot; Artificial intelligence; Leisure time; Artificial substitution; Man-machine synergy

目　　录

序　言

迄今为止，人类一共经历了三次科技革命，18 世纪的第一次科技革命让人类社会进入了“蒸汽时代”，19 世纪末开始的第二次科技革命让人类社会进入了“电器时代”，20 世纪中期开始的科技革命让人类社会进入了“信息时代”。改革开放以来，中国抓住第三次科技革命所带来的全球技术扩散和产业转移机遇，借助劳动力、土地等比较优势在较短时间完成工业化进程，成为世界第一的制造大国和贸易大国。然而当中国发展到一定阶段，这种粗放扩张模式的局限性就开始显现，中国制造在全球价值链上的中低端地位无法通过粗放的扩张模式得到改善，还会过度消耗能源、带来严重的环境问题，不利于经济可持续发展。中国经济进入新常态阶段，人口红利消退、综合成本上涨、土地等要素供给紧张、资源环境压力加大，导致实体经济领域出现产能严重过剩、企业库存增加、经济效益下降、亏损面扩大等问题和困难。如果中国不能及时转变发展模式，加快产业升级，将中国实体经济推向精致化、高端化、信息化的可持续发展之路，中国经济发展可能会落入“中等收入陷阱”。

现阶段中国制造面临两方面的压力，一方面来自发达国家创新步伐加快、新兴产业群体性推进，另一方面来自发展中国家低成本竞争。新一轮科技革命和产业变革正在重构全球创新版图，重塑全球经济结构，因此，中国迫切需要加快创新驱动、发展新一代信息技术产业，尤其是在人工智能、空间技术等颠覆性、战略性技术上占据制高点，从而优化中国制造在全球价值链上的地位，形成发展新动能。新一代信息技术产业包括下一代信息网络产业、电子核心产业、新兴软件和新型信息技术服务、互联网与云计算大数据服务、人工智能等行业。新一代信息技术的作用可以分为三个方面：一是能够提高生产效率、催生新动能。例如，工业互联网集成了远程实时操控、虚拟现实技术协同、无人驾驶、高精度定位等前沿技术，不仅能进一步提升生产效率，还能代替人工适应更复杂恶劣的环境。物联网技术可以作为一个中枢神经，让建筑群可以变得有生命——钢结构、门板、水管、螺丝型号，电能消耗、用水量、空气质量等数据都可以“互联互动”；物联网技术也可以让城市拥有“智慧大脑”，从而对城市交通进行智能调度，实现有效调配公共资源。二是深刻地改变了生产生活方式。根据2018年的调查，中国手机用户中有超过七成使用手机支付和购物，有近五成的用户使用手机订外卖和预订机票、酒店等旅行产品。外卖行业与大数据、云计算、物联网、人工智能等高新技术相结合，通过对天气、路况、时间等统筹，在消费者、骑手、商家三者中实现最优匹配。三是改变了中国的就业形态，成为中国吸纳就业的重要渠道。根据2019年国家信息中心的数据显示，中国共享经济领域就业提供服务者约7800万人，同比增长4%，平台员工数达到623万人，比上年增长4.2%。新就业形态还能够提高劳动者收入水平、增加弱势群体就业机会、激发劳动者技能发展。

一方面，新技术应用和自动化也对经济发展带来了“创造性毁灭”效应。① 相较于人力成本的投入，新技术和自动化使资

① Acemoglu, D., Restrepo, P., “Automation and New Tasks: How Technology Displaces and Reinstates Labor”, *Journal of Economic Perspectives*, Vol. 33, No. 2, 2019.

本投入获得了更高的回报，这种现象在人力成本较高的国家地区更加明显。由此，很多传统产业或职业岗位成为“出局产品”，如餐馆、商场、会计师事务所、旅行社、司机等。① 新技术的应用和自动化加剧了国家间利益分配的不平衡，使发达国家获得更多收益。高收入国家对发展替代劳动力的科技更加有驱动力，源于他们对劳动力供给的不足而造成的高工资。这种较高的工资水平，给了这些国家在发展自动化方面的超额激励。当前，世界整体制造业就业下降，人工智能等技术高速发展，单靠廉价劳动力作为比较优势进行快速发展的“东亚奇迹”模式难以复制，劳动外包等低水平劳动更容易被自动化替代。② 新技术和自动化的发展更多替代了中低技能劳动工作，③ 创新带来的工作则会对受过较高教育者更加有利，也进一步加剧了青年人的就业困难。据世界银行的统计，从2016 年到2019 年，预计科技进步造成了欧洲 2300 万人的劳动替代，创造的新就业只有毁灭的一半。④

另一方面，新技术和人工的结合（即人机协作）将大大提高原有产品或服务的质量或效率，使即将出局的产品借道新技术实现快速迭代更新。以人工智能为例，人工智能的发展对就业产生的影响并不是单一的，而是存在替代效应、填补效应和

---

① Aghion, P., Hepburn, C., Teytelboym, A., et al., “Path Dependence, Innovation and the Economics of Climate Change”, *Handbook on green growth*, 2019.

② Schindler, M., Korinek, A., Stiglitz, J., “Technological Progress, Artificial Intelligence, and Inclusive Growth”, *IMF Working Papers*, 2021 (166).

③ Acemoglu, D., Autor, D., “Skills, Tasks and Technologies: Implications for Employment and Earnings-ScienceDirect”, *Handbook of Labor Economics*, Vol. 4, 2011.

④ Bank, W., “World Bank East Asia and Pacific Economic Update, April 2019”, *World Bank Other Operational Studies*, 2019.

创造效应。[①] 人工智能替代了简单重复的脑力劳动就业岗位，如日常办公管理和大多数自动化设备的运转；中等复杂且重复的脑力劳动就业岗位，如智能化工厂管理、语音识别、图像识别、自动翻译、无人驾驶，等等；体力与脑力相结合的就业岗位，如智能机器人，人工智能嵌入机器设备中，机器将同时具有优于人类劳动者的体力和脑力，完成复杂的体力与脑力结合的工作。同时人工智能填补了很多供给缺位的劳动岗位，使得整个经济链条完整，满足市场需求，从而劳动者愿意且能够胜任的岗位得以存在。人工智能主要在三个领域填补就业岗位的空缺：一是脑力劳动强度大，由人类承担此类工作效率低的，例如监控图像的扫描和识别；二是超出人类感官和反应极限，人类完成此类工作无法保障质量的，例如精密仪器的检验检测、辅助驾驶系统中的紧急制动等；三是工作环境不容人类劳动者进入的，例如进行深空探索的航天器大量使用人工智能技术。此外，人工智能自身发展也会创造大量就业岗位。近年来，人工智能应用领域不断增多，几乎所有的人工智能企业都在吸收新的投资，扩大雇佣规模，全球人工智能产业产值年增长率超过50%，是国际金融危机之后就业岗位增长最快的新兴产业之一。在人工智能底层硬件和算法、通用人工智能机平台、应用产品等领域，人工智能产业正在产生巨大的就业需求。例如，在应用层面，每10台大型智能机器人就需要一名人工智能工程师，而小型机器人需要的工程师数量则更多。高德纳的一份报告认为，2019年之前，人工智能造成的失业数量将多于其创造的工作机会；但从2020年开始，人工智能创造的就业数量将会超过造成失业数量。

总的来说，新一代信息技术产业的发展并不会惠及每一个

---

① 邓洲、黄娅娜：《人工智能发展的就业影响研究》，《学习与探索》2019年第7期。

劳动者，也不会促进所有产业的发展和提高每一个国家或地区的竞争力。新技术产业填补创造的岗位和直接创造的岗位，与淘汰的岗位在专业、技能水平上并不等同。传统岗位逐渐被更替，同时创造的新岗位对技术含量的要求不断提高。例如，互联网通信技术的发展导致传统的电话接线、打字员等职业将不复存在，但电子商务、网络设计、在线教育培训等新职业纷纷涌现，提高了对从业人员的技能要求，即未来脑力劳动职业发展将越来越多，体力劳动职业将越来越少，新兴职业技术含量不断提高。

本报告从不同角度分析了新技术，尤其是自动化和机器人领域对经济和就业的影响，并解释了人机协同在目前阶段的重要作用。在宏观经济层面，沿着创造性毁灭所带来的经济增长被大量遗漏的思路，本报告在对地区和领域的创新能力进行衡量时，将创造性毁灭这一因素纳入了考量，分别从城市整体和城市各行业两个维度，结合百度指数观察了不同地区和不同行业所遗漏的经济增长，计算出了各省份、省会以及按城市等级划分的一、二、三线城市对新技术的吸聚力，捕获了通常被忽略、实际上却对经济增长产生了巨大贡献的地区和行业。在自动化和机器人产业层面，着重梳理了自动化和机器人产业发展的现状，国内机器人发展的技术能力、市场规模、投资前景和未来技术的发展趋势。结合国内对机器人的就业需求在地理空间的分析结果，聚焦自动化机器人的发展在中国目前人口趋势下对就业的影响，并从人才培养的角度探讨了如何更好地将自动化和机器人等技术与人工结合，发挥人机协作促进就业、创新和人性化发展的积极作用。

本报告的写作凝结了诸多同人和朋友的共同努力，他们分别对各章节的资料搜集、文本草就、数据分析等都付出过辛勤努力，为此我们要感谢胡典成、吕腾杰、张凡、黄蕾、张森森、刘鑫和徐子怡。

本报告的完成还要感谢央视财经频道的张菁主任、贾祯老师，百度发展研究中心何涛主任，百度指数负责人岳燕祥博士，智联招聘网的李强先生、王一新先生和李小丽女士，他（她）们为本报告提供了无私的专业帮助和数据支持。同时，感谢数字新动能课题组李伟教授、姚朋博士、肖宇博士、薛强老师的共同努力。最后，将谢意献给在本书写作过程中给予我们鼓励、支持和思路启发的同志们，他们包括但不限于葛利女士、薛雯女士、曹宇澄先生、尚波先生、董彬先生、项川先生等。

一　新技术是经济增长的内生动力

（一）“创造性毁灭”促进经济增长

在新技术对经济影响的相关研究中，“创造性毁灭”一词常被提及。这一概念最早由熊彼特提出，随后衍生出的新熊彼特增长理论将内生的研发和创新视为推动技术进步和经济增长核心因素。自该理论提出以来，一直有学者不断对此进行丰富和完善，“创新是促进经济增长的主要力量”这一观点得到了越来越多的认可。其中以 Aghion 和 Howitt① 为代表的新古典熊彼特主义内生增长理论在新古典框架下纳入了垂直质量改进过程，提出了垂直创新模型，将创新视为一个创造性毁灭的过程，也就是指企业通过研发提高产品质量，且高质量产品最终将替代低质量产品，进而推动技术进步的过程。在垂直创新的框架下，不断有企业通过创新来获取垄断利润，因而市场也处在一个动态变化的过程中。Akcigit 和 Kerr② 从企业层面出发将创新进行分类，建立了一个包含内部创新和外部创新的模型，将内部创

① Aghion, P., Howitt, P., “A Model of Growth through Creative Destruction”, *Econometrica*, 1992, Vol. 60, No. 2; Aghion, P., Howitt, P., *Endogenous Growth Theory*, Cambridge MA: MIT Press, 1998.

② Akcigit, U., Kerr, W., “Growth Through Heterogeneous Innovations”, *Social Science Electronic Publishing*, 2018.

新定义为改善企业现有的产品链（可理解为垂直创新的过程），将外部创新定义为扩大产品种类以抢占市场，据此探究了企业规模分布与创新类型之间的关系，并分析了不同类型的创新如何促进经济增长，发现随着企业规模的增加内部创新的速度快于外部创新。Aghion、Akcigit 和 Howitt① 讨论了经济增长与技术发展之间的关系，认为创造性毁灭是驱动经济增长、更具普适性的根本动力。

此前的一些研究同样为以上观点提供了佐证。Zeng② 通过一个包含了资本与创新的内生增长模型，探究了技术生产效率对经济增长的影响。Howitt③ 发现知识的积累速度可以促进技术进步，进而提高资本边际回报率。Galor④ 认为长期的经济增长离不开创新和人力资本的共同促进作用。可见，虽然除了创新这一因素外仍存在其他的经济增长来源，但是经济增长始终离不开创新的推动。Yan 和 Gong⑤ 在 Aghion 和 Howitt⑥ 的资本积累与创新相互作用的模型框架中研究了政府财政政策对经济增长的影响。Sener⑦ 考察了政府对 R&D 部门的最优政策，还发现

---

① Aghion, P., Akcigit, U. & Howitt, P., "What Do We Learn From Schumpeterian Growth Theory?", *Scholarly Articles*, 2013.

② Zeng, J., "Physical and Human Capital Accumulation, R&D and Economic Growth", *Southern Economic Journal*, 1997, Vol. 63, No. 4.

③ Howitt, P., *Endogenous Growth Theory*, Cambridge: MIT Press, 1998.

④ Galor, O., "Twin Engines of Growth: Skills and Technology as Equal Partners in Balanced Growth", *Journal of Economic Growth*, 2002, Vol. 7, No. 2.

⑤ Yan, C., Gong, L., *Growth Effects of Fiscal Policy in an Endogenous Growth Model with Capital Accumulation and Innovation*, Peking University, 2007.

⑥ Aghion, P., Howitt, P., "On the Macroeconomic Effects of Major Technological Change", *Annals of Economics and Statistics*, 1998.

⑦ Sener, F., "R&D Policies, Endogenous Growth and Scale Effects", *Journal of Economic Dynamics and Control*, 2008, Vol. 32, No. 12.

了政府对 R&D 部门的政策与创新规模之间的 N 型关系。Minniti、Parello 和 Segerstrom① 建立了一个没有规模效应的质量增长阶梯模型，得出补贴研发是最优政策。这些探讨财政政策对经济的影响机制的研究根本上是基于对经济增长来源的判断，因此他们均进一步证实了创新作为经济增长的关键来源的影响作用。

同样地，创新作为中间因素对经济增长的影响也体现在与知识产权保护等因素有关的影响机制上。Iwaisako 和 Futagami② 等认为知识产权保护程度的加强可以降低创新成果被模仿的概率，通过增加创新回报使得企业创新的动力增强，进而促进经济增长。Horri 和 Iwaisako③ 则在一个垂直创新框架中分析了知识产权保护对经济增长的影响，结论是知识产权保护程度与经济增长率之间有一个倒“U”形关系。另外，利用熊彼特增长框架也能更好地拟合现实中各国经济发展的现状。Howitt④ 通过一个涉及多国的熊彼特增长模型解释了不同国家之间发展的差异，认为造成差距的原因不仅在于资本存量，更在于技术 Kosempel⑤ 通过拟合研究得出人力资本与创新相互作用的模型能够很好地解释经济发展中 4 个特征问题的结论。并且，

---

① Minniti, A., Parello, C. P. & Segerstrom, P. S., “A Schumpeterian growth model with random quality improvements”, *Economic Theory*, 2013, Vol. 52, No. 2.

② Iwaisako, T., Futagami, K., “Patent Policy in an Endogenous Growth Model”, *Journal of Economics*, 2003, Vol. 78, No. 3.

③ Horri, H., Iwaisako, T., “Economic Growth with Imperfect Protection of Intellectual PropertyRights”, *Journal o f Economics*, 2007, Vol. 90, No. 1.

④ Howitt, P., “Endogenous Growth and Cross-country Income Differences”, *American Economic Review*, 2000, Vol. 90, No. 4.

⑤ Kosempel, S., “A theory of development and long run growth”, *Journal of Development Economics*, 2004.

Papageorgiou 和 Perez Sebastian① 在熊彼特增长模型中引入人力资本积累，发现可以很好地解释韩国和日本的经济发展事实。以上研究均从不同角度证明了熊彼特新增长理论模型的延展性以及创造性毁灭是经济增长的关键来源这一重要事实。

（二）新技术对经济增长的拉动效应

在现实应用中，新技术带来的创新增长往往容易被低估，这是因为统计机构常常片面地对待创新。创新可分为水平创新和垂直创新，在水平创新的框架下，新产品作为新进入者进入市场的条件是价格的相对下降，这包括两种情况：一是提供质量更高但价格不变的产品；二是提供价格较低的相同产品。统计机构在计算经济增长时往往只会将这种水平创新的情况考虑在内，从而忽略经由“创造性毁灭”产生的产品，即将垂直创新产品价格的相对下降这种情况排除在外。正是由于缺失对这一部分因素的考量，因此计算得出的通胀率就会高于真实值，这也就导致了计算得出的经济增长率低于真实值。简言之，人们对创新带来的负通胀效应的低估直接导致了对经济增长的低估。具体而言，传统服务业在新技术的介入下快速达成了“人机协同”，服务质量也随之提升。如果价格没有得到对应的增长，则意味着被变相压低。倘若我们仍旧保持对新技术的低敏感度和低关注度，这就会导致习惯性地低估新技术带来的负通胀效应，进而低估了实际的经济增长率。②

---

① Papageorgiou, C., Perez Sebastian, F., “Is the Asymptotic Speed of Convergence a Good Proxy for the Transitional Growth Path?”, *Journal of money credit and banking*, 2007, Vol. 39, No. 1.

② Aghion, P., Akcigit, U., Hyytinen, A., et al., *The Social Origins of Inventors*, National Bureau of Economic Research, 2017.

然而，此前的研究则更多聚焦于制造业。比如 Feenstra 和 Lewis① 注意到美国进口产品种类的扩张，并对 6 种制造业产品的进口价格指数的偏差进行了修正。Bils 和 Klenow②利用美国消费者支出调查来评估 66 种耐用品的质量增长，并得出至少有 1/3 的质量增长被低估的结论。Bils 等③则使用 CPI 微观数据将耐用品价格上涨的来源分解为质量变化和真实的通胀，得出质量增长被低估约 0. 7% 。Broda 和 Weinstein④ 利用 AC 尼尔森数据库，研究了零售行业产品的增长缺失，并指出通胀率每年被高估 0. 8% 。通过对制造业创新和服务业创新模式等相关研究的回顾发现，研究焦点集中在制造业可能是因为技术创新通常被视为制造业产品升级的最主要来源,⑤ 由于制造业的创新和服务业的创新在体系和动力上存在差异,⑥ 我们常常低估新技术对于服务业的影响。

实际上，服务业的创新对于经济增长的贡献巨大。Aghion 等⑦估计美国 1983—2013 年非农业企业人口普查数据中失去的增长的研究得出，每年遗漏的增长约为 0. 5% ，并且得出了出乎

① Feenstra, R. C. , Lewis, T. R. , "Trade Adjustment Asistance and Pareto Gains from Trade", *Journal of International Economics*, 1994, 36.

② Bils, M. , Klenow, P. J. , "Quantifying Quality Growth", *The American Economic Review*, 2001 , Vol. 91 , No. 4.

③ Bils, M. , Klenow, P. J. , Malin, B. A. , "Reset Price Inflation and the Impact of Monetary Shocks", *NBER Working Paper* 14787 , 2009.

④ Broda, C. , & Weinstein, D. E. , "Product Creation and Destruction: Evidence and Price Implications", *American Economic Review*, 2010 , Vol. 10, No. 3.

⑤ 原小能:《制造业创新与服务业创新：比较与融合》,《财贸研究》2009 年第 3 期。

⑥ Sundbo, J. , Gallouj, F. , "Innovation in Services in Seven European Countries: The Results of Work Packages 3 – 4 of the SI4S Project", Doctoral Dissertation, Universite Lile 1 , Clerse; Roskilde University.

⑦ Aghion, P. , Bergeaud, A. , Boppart T. , Klenow P. J. , Li H. , "Missing Growth from Creative Destruction", *American Economic Review*, 2019, 109.

意料的结论——服务业对失去的增长的贡献超过了制造业，占比达62%，制造业领域的创新带来的质量提升仅仅为服务业的1/10。① 总而言之，通过创造新毁灭所带来的缺失的增长这个角度，我们可以看到服务业受到新技术的影响似乎更为明显，对新技术的吸聚力要强于制造业。

（三）政府促进新技术发展

一直以来，中国都将促进新技术的研发和应用放在首要位置，不断加大科技经费的投入力度，一些城市也因此走上了科技创新驱动高质量发展的道路。根据中国《2019 年全国科技经费投入统计公报》显示，研究与开发（R&D）经费投入超过千亿元的省（市）有 6 个，分别为广东、江苏、北京、浙江、上海和山东。R&D 经费投入强度超过全国平均水平的省（市）有 7 个，分别为北京、上海、天津、广东、江苏、浙江和陕西。其次，2020 年科技部和中国科学技术信息研究所分别公布的《国家创新型城市创新能力监测报告 2020》和《国家创新型城市创新能力评价报告 2020》显示，部分城市创新动能强劲、高质量发展势头良好，其中创新能力前 5 名的城市，分别为深圳、广州、杭州、南京、武汉。

近些年，中国尤其对人工智能相关技术、专精特新设备等方面给予高度重视，致力于推进国产替代。《中华人民共和国国民经济和社会发展第十四个五年规划和 2035 年远景目标纲要》瞄准人工智能、量子信息、集成电路等前沿领域，提出打好关键核心技术攻坚战，并支持北京、上海、粤港澳大湾区形成国际科技创新中心，建设北京怀柔、上海张江、粤港澳大湾区、

① Aghion, P., Bergeaud, A., Boppart, T., et al., "Missing Growth from Creative Destruction", *American Economic Review*, 2019, Vol. 109, No. 8.

安徽合肥综合性国家科学中心，支持有条件的地方建设区域科技创新中心。随后，多地制造业发展的“十四五”规划陆续出台，可以看到各个省市关注的重点行业集中在智能制造、集成电路、新能源等方向。除此之外，在2021年相继发布的《关于加快推进国有企业数字化转型工作的通知》《工业互联网创新发展行动计划（2021—2023年）》等文件，明确表明了中国对于人工智能领域的态度，即希望底层技术创新和科技自立自强，还对以国有企业为代表的数字化、智能化升级持续加速给予期待，并将智能化作为“新三年”的核心工作目标。

另外，在2021年7月召开的中共中央政治局会议上，首次将发展“专精特新”企业放在了相当高度。此前，六部门联合印发的《关于加快培育发展制造业优质企业的指导意见》提出，加快培育发展以专精特新“小巨人”企业、制造业单项冠军企业、产业链领航企业为代表的优质企业。根据财政部和工信部联合印发的《关于支持“专精特新”中小企业高质量发展的通知》，2021—2025年，中央财政累计安排100亿元以上奖补资金，引导地方完善扶持政策和公共服务体系，分三批（每批不超过三年）重点支持1000余家国家级专精特新“小巨人”企业高质量发展，带动1万家左右中小企业成长为国家级专精特新“小巨人”企业。另外，于2021年8月召开的国资委扩大会议强调了针对工业母机、高端芯片、新材料、新能源汽车等加强关键核心技术攻关，更加明确了中国在大力推动相关产品和产业走上国产化进程的道路。

新一代信息技术的发展和政策利好有不可分割的关系，政策利好也是保证国内新一代信息技术产业快速发展的前提。国家出台了多种新技术产业政策，如《工业互联网平台建设及推广指南》《关于促进“互联网＋医疗健康”发展的意见》等，这些政策是从国家整体发展战略的角度出台，但是各省发展新技术产业的政策依然是存在差异的。

表1－1汇总了各地区发展新一代信息技术产业的政策，中国

东部省份的相关政策出台明显多于中西部地区。东部沿海省份在产业结构优化过程中将发展重心放在了与新技术结合的产业上，并出台了相关利好新技术产业发展的政策。例如，《浙江省全球先进制造业基地建设“十四五”规划（征求意见稿）》指出将推动纺织产业向高端化、品牌化、时尚化、绿色化方向发展，到2025年，现代纺织产业链年产值要达到1万亿元。《广州市先进制造业强市三年行动计划（2019—2021年）》也指出，到2021年，广州市先进制造业增加值达3000亿元以上。深圳则从住房分配方面鼓励深圳市先进制造业企业发展。同样地，江苏省注重从各项奖励上鼓励省内先进制造企业发展。江苏省和山东省均有多个下辖地级市出台新一代信息技术产业相关政策，说明这两个省的相关政策受到更多的重视、落实得更彻底。天津市出台的政策更多的是与人工智能相关的政策，说明天津市在发展新一代信息技术产业中更为重视人工智能。贵州是中西部地区唯一一个出台多种促进新一代信息技术产业发展政策的省份，这与贵州省“云上贵州”的战略定位有极大关系。从各地区发展新一代信息技术产业的政策来看，中国各地区之间的新技术产业政策、产业发展是不平衡的，中西部地区的新技术产业发展是不充分的，这将导致中国各地区之间的发展动能差距越来越大，经济发展差距越来越大。

表1－1　**各地区发展新技术的政策**

省份	政策名称
北京	《北京市“十三五”时期信息化发展规划》
	《北京市加快科技创新发展新一代信息技术产业的指导意见》
	《加快科技创新发展新一代信息技术等十个高精尖产业的指导意见》
	《北京工业互联网发展行动计划（2018—2020年）》
	《北京市“十四五”时期高精尖产业发展规划》
	《石景山区加快“新基建”促进新一代信息技术产业发展暂行办法》
	《北京经济技术开发区关于加快四大主导产业发展的实施意见》

续表

省份	政策名称
天津	《天津市人工智能科技创新专项行动计划》
	《天津市新一代人工智能产业发展三年行动计划（2018—2020 年）》
	《天津市制造业高质量发展“十四五”规划》
河北	《河北省战略性新兴产业发展三年行动计划》
	《河北省数字经济发展规划（2020—2025 年）》
	《石家庄新型智慧城市总体规划（2019—2021 年）》
上海	《上海市推进信息化与工业化深度融合“十三五”发展规划》
	《上海市工业强基工程实施方案（2017—2020）》
	《上海市工业互联网产业创新工程实施方案》
	《上海市推进新一代基础设施建设助力提升城市能级和核心竞争力三年行动计划（2018—2020 年）》
	《上海市战略性新兴产业和先导产业发展“十四五”规划》
江苏	《关于加快推进“互联网 +”高校物流行动的实施意见》
	《关于组织实施 2020 年互联网大数据类企业转型升级计划的通知》
	《泰安市新一代信息技术产业发展规划（2018—2022 年）》
	《2019 年泰州市新一代信息技术产业及信息服务业推进工作实施计划》
	《无锡市智能制造三年（2017—2019 年）行动计划 2018 年实施方案征求意见稿》
	《无锡市加快发展以物联网为龙头的新一代信息技术产业，打造世界级产业集群三年行动计划（2020—2022 年）》
	《关于进一步支持以物联网为龙头的新一代信息技术产业发展的政策意见》
	《南通市新一代信息技术产业发展行动计划（2018—2025 年）》
浙江	《高层次人才项目推荐选拔重点产业领域引导目录》
	《浙江省科技创新发展“十四五”规划》
	《浙江省数字基础设施发展“十四五”规划》
	《浙江省软件和信息服务业发展“十四五”规划》
福建	《关于加快全省工业数字经济创新发展的意见》
	《厦门市人民政府关于印发促进大数据发展工作实施方案的通知》
	《三明市人民政府办公室关于印发三明市推进 5G 网络建设和产业发展实施方案的通知》

续表

省份	政策名称
广东	《广东省深化“互联网＋先进制造业”发展工业互联网的实施方案》
	《广东省支持企业“上云上平台”加快发展工业互联网的若干扶持政策（2018—2020）》
	《广东省信息基础设施建设三年行动计划（2018—2020 年）》
	《广东省发展新一代电子信息战略性支柱产业集群行动计划（2021—2025 年）》
	《珠海市促进新一代信息技术产业发展的若干政策》
	《中山市新一代信息技术产业发展行动计划（2018—2022 年）》
	《深圳市人民政府关于印发深圳新一代信息技术产业振兴发展政策的通知》
	《深圳新一代信息技术产业振兴发展规划（2011—2015 年）》
	《深圳市战略性新兴产业发展专项资金扶持政策》
海南	《智慧海南总体方案（2020—2025 年）》
广西	《广西新一代信息技术产业发展“十三五”规划》
	《广西壮族自治区数字经济产业发展引导目录（试行）》
	《桂林市新一代信息技术产业发展规划（2019—2025）》
湖南	《关于加快新一代人工智能产业发展推动国家智能制造中心建设的若干政策》
	《湖南省软件产业振兴计划（2021—2025 年）》
	《长沙市加快发展大数据产业（2017—2020 年）行动计划》
山东	《山东省新一代信息技术产业专项规划（2018—2022 年）》
	《山东省新一代信息技术创新能力提升行动计划（2019—2021 年）》
	《山东省“十三五”战略性新兴产业发展规划》
	《济宁高新区新一代信息技术产业发展规划（2019—2023）》
	《济南市大数据与新一代信息技术产业发展规划（2018—2022 年）》
	《寿光市新一代信息技术产业专项规划（2018—2022）》
	《日照市人民政府关于加快人工智能等新一代信息技术产业发展的实施意见》
	《滨州市新一代信息技术产业专项规划（2019—2023）》

续表

省份	政策名称
河南	《河南省“十三五”战略性新兴产业发展规划》
江西	《江西省新型基础设施项目建设三年行动计划（2020—2022 年）》
	《江西省虚拟现实产业发展规划（2019—2023 年）》
	《“智联江西”建设三年行动方案（2021—2023 年）》
湖北	《湖北省战略性新兴产业发展“十四五”规划》
重庆	《重庆市人民政府办公厅关于印发重庆市建设国家新一代人工智能创新发展试验区实施方案的通知》
四川	《四川省“十三五”战略性新兴产业发展规划》
贵州	《关于加快大数据产业发展应用若干政策的意见》
	《贵州省大数据产业发展应用规划纲要（2014—2020 年）》
	《贵州省数字经济发展规划（2017—2020 年）》
	《智能贵州发展规划（2017—2020 年）》
	《贵州省深化新一代信息技术与制造业融合发展实施方案（征求意见稿）》
宁夏	《关于加快“互联网＋现金制造业”发展工业互联网的实施意见》
山西	《山西省“十三五”战略性新兴产业发展规划》
辽宁	《辽宁省“十三五”新一代信息技术产业科技发展规划》

二　中国新技术区域经济态势的研究设计

新技术带来的“创造性毁灭”效应造成了传统产业和岗位的被替代，也创造出一些新的行业和就业机会。常规的经济统计方法对创新的贡献存在遗漏，创新维持价格同时提高质量的正向作用常被忽略，造成了新技术带来的创新增长往往容易被低估。对于一个国家和地区而言，新技术应用对原有产业的替代程度不同，对不同产业的影响有利有弊，对每个国家和地区竞争力提升的作用可能是正向的，也可能是负向的。

本报告将聚焦新技术冲击与创造性毁灭相联系，在构建遗漏增长框架的基础上，衡量以因创造性毁灭而导致的遗漏增长，得到新技术吸聚力的结果。通过对不同区域的研究，确认中国区域的新经济动力地图；通过不同行业领域的研究，确认中国新技术策动的不同领域强度；通过提炼上述规律，甄别哪个地区、哪个行业（服务业还是制造业）在未来更能承载新技术的动能，为中国经济增长做出边际贡献。最后，对新技术更好地发挥产业效应提出策略建议，对新技术产业的企业化布局提出对策。

（一）新技术驱动经济增长模型设计与数据选择

1. 数据来源

百度搜索是全球最大的中文搜索引擎，也是国内用户渗透率最高的综合搜索引擎。“百度指数”是百度提供的一款基于百度海量网民搜索行为的数据解析共享平台，其不仅提供关键词的搜索指数数值和趋势，还提供资讯指数、需求图谱、人群画像等功能模块，可让用户进一步了解与所检索的关键词相关性较强的若干个关键词和关键词条、相关的热点新闻事件报道、对应搜索人群的地域分布、人群基本属性特征等信息。百度指数不仅弥补了现有官方统计数据的缺失，而且为具体开展大规模的调查研究提供了可能，不再是随机抽样或少量样本，而是对所有数据进行收集和研究，符合大数据时代下“样本 = 总体”的统计要求。

下文的研究基于百度指数公开版，以相关关键词为搜索词，检索获取 2019 年 8 月 1 日至 2021 年 7 月 31 日两年范围内在整体趋势下的逐日搜索指数为基础研究数据，从全国层面、省际层面①、省会城市层面与分城市等级②层面进行各行业新技术吸聚力研究。

2. 关键词选取

本报告在选取关键词时，充分借鉴了相关文献资料中总结出的选取原则和技巧，并兼顾了数据的可获取性。同时，为保证所选取的关键词更有指向性，避免综合搜索量的干扰，剔除了与相关关键词无关的搜索行为。此外，还考虑到了个人在进行关键词搜索时的惯用提法和语义环境。

据此，本报告在广泛调研的基础上，按照新进入者、幸存者和退出者 3 个维度选取了 16 个行业的初选关键词，通过百度指数逐一检索这些初选关键词，将尚未录入百度指数的关键词剔除，然后对比余留关键词在同一时期内的搜索指数表现，并

① 省际层面包括除港澳台地区之外的全国 31 个省市区。

② 此处的城市等级根据《第一财经周刊》城市等级排行而划分。

根据各个关键词的需求图谱综合对照找出频次最多和相关性最强的一个。在综合比较之下，确定最终的核心关键词，具体见表2－1。

表2－1　**选取关键词**

序号	行业	新进入者	幸存者	退出者
1	酒店与住宿	酒店机器人	酒店工程师	客房服务员
2	餐馆	送餐机器人	餐厅经理	餐厅服务员
		中央厨房	高级厨师	配菜师
3	零售	在线旅游	导游	旅行社门店
4	生产性服务业	社区团购	大型超市	社区便利店
		建筑设计软件	建筑设计师	建筑绘图师
		财务软件	会计师	出纳员
		云旅游	导游	旅游门票
		百度地图采集员	地图采集员	地图绘制员
5	金融银行保险	互联网券商	券商营业部	股票销售员
		ATM	理财规划师	银行柜员
6	艺术娱乐	数字媒介	当代艺术	传统艺术
		短视频营销	个性化营销	图文广告
7	信息通信	5G	4G	3G
		区块链工程技术人员	数据安全工程师	中间业务员
8	批发	电商	商业综合体	小卖部
9	制造业	工业机器人	机器人编程员	流水线工人
		数据标注师	质检员	安检员
		新能源车	燃油车	超标车
10	企业管理	SAAS 软件	高管	文员
11	房地产及建材	智能装配	建筑机械	建筑工人
12	公共事业	云办公	政务服务网	基层公务员

续表

序号	行业	新进入者	幸存者	退出者
13	采矿	新能源	煤炭石油	污染
14	医疗卫生	创新药	生物药	化学药
15	教育	在线教育	教师	大班培训
16	交通	无人驾驶	安全员	司机
		5G 云代驾	自动驾驶	代驾员

（二）新技术驱动经济增长研究方法设计和模型创新

本报告在 Aghion 等①遗漏增长模型设计的基础上将其研究对象转化到对某一既定业态内新进入者所带来的新技术创新冲击上，以此来强调创造性毁灭在遗漏增长中的重要作用，进而衡量各行业内新技术吸聚力的大小。

1. 遗漏增长与市场份额

在每一离散时期内的消费均具有不变替代弹性（CES）结构：

$$C_t = \left(\int_0^{N_t}\left[q_t(j)c_t(j)\right]^{\frac{\sigma-1}{\sigma}}d_j\right)^{\frac{\sigma}{\sigma-1}} \quad (2-1)$$

在这里 $c_t(j)$ 代表 j 类产品的数量，$q_t(j)$ 代表 j 类产品的质量。变量 N_t 是可选产品的数量，其随时间的推移而变化。在这里，$\sigma>1$ 表示不同产品间的替代弹性是固定的。

假定 π_t 代表实际通胀率，即获得一单位 C 最小成本的一阶差分对数值。根据 Feenstra 我们将通胀率分解为：

---

① Aghion, P., Bergeaud, A., Boppart, T., Klenow, P. & Li, H., "Missing growth from creative destruction", *American Economic Review*, 2019, Vol. 109, No. 8.

$$\pi_t = \hat{\pi_t} - \frac{1}{\sigma - 1}\log\left(\frac{S_{I_t,t-1}}{S_{I_t,t}}\right) \tag{2-2}$$

一个 I_t 子集产品的通胀率表示为 $\pi\hat{}_t$，用 $S_{I_t,t}$ 表示该子集产品在 t 时的名义支出份额。此处的 $\pi\hat{}_t$ 由名义支出份额 $S_{I_t,t}(j) = \frac{S_{j,t}}{S_{I,t}}$ 以及子集 I_t 内随质量调整的价格 $\frac{p_t(j)}{q_t(j)}$ 组成，可表示为：

$$\Pi\hat{}_t = \int_{j \in I} f(j, \{S_{I_t,t-1}(i), S_{I_t,t}(i)\}_{j \in I}) \log\left(\frac{\frac{p_t(j)}{q_t(j)}}{\frac{p_{t-1}(j)}{q_{t-1}(j)}}\right) d_j \tag{2-3}$$

其中，$f(j, \{S_{I_t,t-1}(i), S_{I_t,t}(i)\}_{j \in I})$ 是 Sato-Vartia 权重。产品集合 I_t 定义为同一生产者在重叠时期生产的产品。

2. 创造性毁灭与遗漏增长框架

假设一个代表性家庭每期无弹性的提供 L 单位劳动，并在预算约束 $\Pi_t + W_t L = \int_0^{N_t} p_t(j) c_t(j) d_j$ 下最大化（1），Π_t 和 $W_t L$ 分别表示利润和劳动收入。

在供给侧，每种产品 c（j）由垄断竞争厂商按 1∶1 的比例所提供的劳动力生产得来，即 $c_t(j) = l_t(j)$，$l_t(j)$ 是在 t 时期用于生产 j 商品的劳动总量。考虑到由家庭问题产生的等弹性需求，每个生产者的最优定价应是：

$$p_t(j) = \frac{\sigma - 1}{\sigma} W_t \tag{2-4}$$

其中 W_t 是在完全竞争的劳动力市场中的统一名义工资，同时假设名义工资在一段时间内遵循外生给定的路径。

在每个时间点，对于每一 j 类产品，其创造性毁灭的外生概率 $\lambda_d \in [0, 1)$。也就是说，现有厂商会有 λ_d 的概率被新的生产者所取代。假设新的生产者（可能是一个新进入者或是一个现存厂商）相较于原有的生产者将产品质量提高了 γ_d（$\gamma_d > 1$）。

如果j是一个现有的产品种类，其质量是由一个新的生产者所改进的，则有：

$$q_t(j) = \gamma_d q_{t-1}(j) \tag{2-5}$$

这样的创新过程就称为因新进入者技术革新所带来的创造性毁灭。

此外，没有受到创造性毁灭影响的现存厂商，其因现存厂商改进产品质量所表示的自我创新为：

$$q_t(j) = \gamma_i q_{t-1}(j) \tag{2-6}$$

同时，假设不存在投资产品，则总名义产出等于总名义消费支出，名义支出可以表示为$P_t C_t$，其中$P_t \equiv (\int_0^{N_t}(p_t(j)/q_t(j))^{1-\sigma}d_j)^{\frac{1}{1-\sigma}}$，表示随质量而调整的理想价格指数。

此时，真实的产出增长$g_t = \frac{C_t}{C_{t-1}}$是由名义产出增长除以通胀率$\frac{P_t}{P_{t-1}}$得到的，即：

$$g = [1 + \lambda_d(\gamma_d^{\sigma-1} - 1) + (1 - \lambda_d)\lambda_i(\gamma_i^{\sigma-1} - 1) + \lambda_n \gamma_n^{\sigma-1}]^{\frac{1}{1-\sigma}} \tag{2-7}$$

可测量到的实际增长率为：

$$\hat{G}_t = [1 + \lambda_i(\gamma_i^{\sigma-1} - 1)]^{\frac{1}{1-\sigma}} \tag{2-8}$$

则遗漏增长为：

$$MG_t \approx \frac{\lambda_d(\gamma_d^{\sigma-1} - 1) + \lambda_n \gamma_n^{\sigma-1} - \lambda_d \lambda_i(\gamma_i^{\sigma-1} - 1)}{\sigma - 1} \tag{2-9}$$

当创造性毁灭和新产品种类所带来的创新速度超过持续的生产者及其产品的创新速度时，增长就被遗漏了。

由此，对于产品子集I_t，其遗漏增长的形式可表示成：

$$MG_t = \hat{\pi}_t - \pi_t = \frac{1}{\sigma-1}\log\left(\frac{S_{I_t,t-1}}{S_{I_t,t}}\right) \tag{2-10}$$

3. 市场份额计算

本研究基于百度搜索指数，以每一关键词所代表的就业岗位需求创造来推断连续化业态中幸存者的市场份额 S_{I_t}。

由于在数据获取上，每一生产厂商的产品变化数据是不可得的。因此，本报告假设如果某一生产者（新进入者或幸存者）要进行新产品生产，其必须聘用相应的生产人员，即产生了新的就业岗位需求。同时，假设幸存者所进行的创新仅发生在原有的产品线内，即将新就业需求的创造视为仅由新技术下新产品制造所导致的创造性毁灭。此时，便可进一步衡量由新进入者所带来的新技术吸聚力。具体计算公式如下：

$$\frac{S_{I_t,t-1}}{S_{I_t,t}} = \frac{L(t-1,I_t)}{L(t-1,I_t)+L(t-1,X_{t-1})} / \frac{L(t,I_t)}{L(t,I_t)+L(t,E_t)} \qquad (2-11)$$

其中，I_t 表示 $t-1$ 和 t 期内的幸存者，X_t 表示 t 期时退出的退出者，E_t 表示 t 期时加入的新进入者，L（t，M）表示 t 时期 M 组的搜索需求量。

三　中国新技术的经济遗漏和吸聚力分布

（一）新技术吸聚力对全国经济遗漏影响和行业分布

从全国来看，2019—2021 年各行业新技术应用对全国遗漏增长的贡献值总体达到每年 116 个基点。其中，制造业贡献了 58 个基点，占总数的 49.82%；餐饮、零售和批发紧跟其后，三者合计占总数的 40% 以上；其余行业的贡献占比则少之又少，均未超过 5 个百分点。即制造业的新技术吸聚力略微领先服务业整体，两者之间保持着一定的平衡比重（见表 3-1）。

表 3-1　　2019—2021 年全国各行业新技术吸聚力总体对比

行业	新技术吸聚力①		排名
	贡献值	占比（%）	
制造业	0.57761	49.82	1
餐饮	0.24109	20.80	2
零售	0.14180	12.23	3
批发	0.09344	8.06	4

① 此处的新技术吸聚力为该部门遗漏增长（Hall）与其市场份额的托恩奎斯特加权相乘而得，表示该部门对遗漏增长的贡献，下文同。

续表

行业	新技术吸聚力		排名
	贡献值	占比（%）	
金融银行保险	0. 04660	4. 02	5
信息通信	0. 02887	2. 49	6
艺术娱乐	0. 01695	1. 46	7
采矿	0. 00413	0. 36	8
生产性服务业	0. 00389	0. 34	9
交通	0. 00171	0. 15	10
医疗卫生	0. 00111	0. 10	11
公共事业	0. 00088	0. 08	12
教育	0. 00067	0. 06	13
酒店与住宿	0. 00032	0. 03	14
企业管理	0. 00013	0. 01	15
房地产及建材	0. 00011	0. 01	16
总计	1. 16		

（二）新技术吸聚力和遗漏增长反映了省际经济和产业发展差异

从省际层面来看，2019—2021 年绝大部分地区整体对遗漏增长的贡献值基本围绕 100 个基点上下波动。其中，较发达地区贡献值基本在 100 个基点以上，欠发达地区基本在 100 个基点以下。

具体来看，广东以 122 个基点遥遥领先；重庆、北京和上海紧随广东之后，且均超过 110 个基点；而青海、西藏却分别以 75 个、71 个基点位居末尾。此外，从地域分布来看，中东部地区新技术吸聚力整体高于西部地区，西南地区以重庆、四川为核心形成吸聚力高地，东北、西北地区整体偏低，江西成为中部地区唯一的吸聚力洼地，区域分布不平衡（见图 3－1、表

3－2）。如果细分到各行业，总体上，首先是制造业、餐饮、零售、批发和金融银行保险成为大多数地区新技术吸聚力前五的行业，其对遗漏增长的贡献度合计达90%以上；相反，公共事业、教育、企业管理、房地产及建材多为贡献度靠后的行业，很少超过3%，这与前文全国层面中的结果基本一致。其次是制造业新技术吸聚力的大小在很大程度上影响着一个地区整体新技术吸聚力的衡量，尤其是经济欠发达地区，一个突出的典型是制造业贡献不到10个基点的江西。进一步，从行业内部视角上来看，制造业、企业管理行业在地区新技术吸聚力上表现出一定关联度，且在经济较发达地区效应显著；生产性服务业、信息通信、批发、零售、金融银行保险和房地产及建材等行业对于经济欠发达地区的新技术吸聚力贡献相对较大。因为一个地区内各行业的新技术吸聚力大小往往在一定程度上与该地的经济特点、产业结构、政策引导等紧密相连。

长期以来，中国的第二产业重心和第三产业重心则更多地偏向东部沿海地区，且沿海城市的产业结构高度化水平相较于其他地区更高，西部地区尤其是宁夏、青海、陕西、西藏、甘肃、云南、新疆等省份的产业结构演进速度比较缓慢。① 产业结构演进速度缓慢意味着产业对新技术的接受度、吸收度都比较低。重庆、四川两个西部省份因其优势产业均包含装备制造业及高新技术产业，重点吸引的产业也就大多分别涉及IT产业、汽车摩托车产业、高端设备、新材料、节能环保、新一代信息产品（重庆），与机械产业、信息产业及医药产业（四川），也就是重点吸引、发展新技术相关产业。正是这种由产业技术转移所带来的工作岗位与生产产品更替，才使得重庆、四川两地的新技术吸聚力综合指数表现优异（见表3－3）。这充分说明，

① 胡伟等：《中国产业结构变迁的区域特征与空间格局演变》，《南京社会科学》2018年第8期。

要提高新技术吸聚力，地方政府需积极出台相关支持政策。

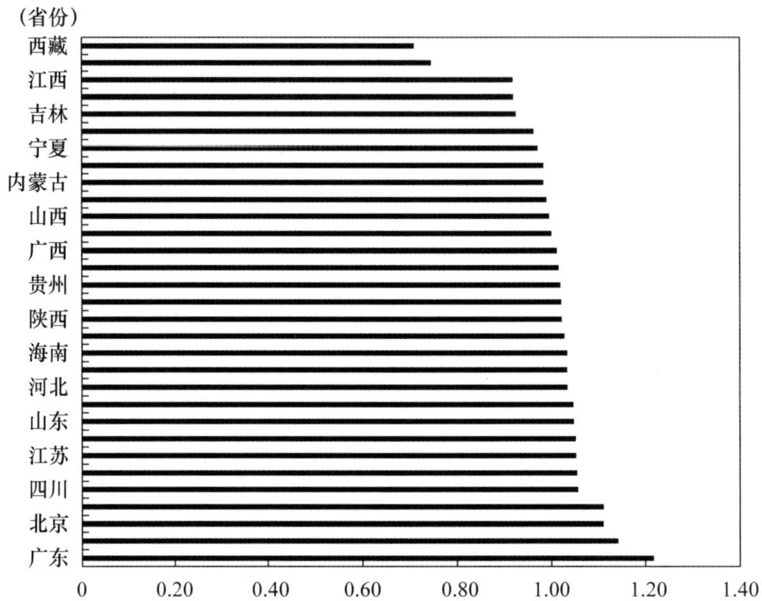

图 3－1　2019—2021 年省际层面新技术吸聚力总体对比

表 3－2　　2019—2021 年省际层面新技术吸聚力总体对比

地区	新技术吸聚力	排名	地区	新技术吸聚力	排名
北京	1. 11101	3	湖北	1. 05183	8
天津	1. 02127	16	湖南	1. 02798	14
河北	1. 03531	11	广东	1. 21704	1
山西	0. 99635	21	广西	1. 01258	19
内蒙古	0. 98415	23	海南	1. 03431	13
辽宁	1. 00036	20	重庆	1. 14207	2
吉林	0. 92461	27	四川	1. 05694	5
黑龙江	0. 98323	24	贵州	1. 01958	17
上海	1. 11095	4	云南	0. 91917	28
江苏	1. 05268	7	西藏	0. 70951	30
浙江	1. 05532	6	陕西	1. 02313	15
安徽	1. 04744	10	甘肃	0. 99029	22

续表

地区	新技术吸聚力	排名	地区	新技术吸聚力	排名
福建	1.03447	12	青海	0.74509	30
江西	0.91801	29	宁夏	0.97164	25
山东	1.04823	9	新疆	0.96241	26
河南	1.01627	18			

表3-3　2019—2021年省际层面各行业新技术吸聚力总体对比

行业＼地区	北京	天津	河北	山西	内蒙古	辽宁	吉林	黑龙江
餐饮	0.36	0.43	0.29	0.15	0.19	0.26	0.24	0.25
零售	0.17	0.16	0.21	0.26	0.24	0.17	0.20	0.23
教育	0.00	0.00	0.00	0.00	0.00	0.00	0.00	0.00
酒店与住宿	0.01	0.01	0.00	0.00	0.00	0.01	0.00	0.00
信息通信	0.03	0.04	0.04	0.07	0.06	0.04	0.06	0.06
房地产及建材	0.00	0.00	0.00	0.00	0.00	0.00	0.00	0.00
采矿	0.01	0.01	0.00	0.00	0.00	0.00	0.01	0.01
金融银行保险	0.03	0.04	0.06	0.10	0.02	0.06	0.07	0.02
制造业	0.39	0.22	0.28	0.28	0.34	0.28	0.12	0.20
医疗卫生	0.00	0.00	0.00	0.00	0.00	0.00	0.00	0.00
批发	0.07	0.09	0.13	0.12	0.12	0.15	0.21	0.19
交通	0.00	0.00	0.00	0.00	0.00	0.00	0.00	0.00
企业管理	0.00	0.00	0.00	0.00	0.00	0.00	0.00	0.00
生产性服务业	0.00	0.00	0.00	0.01	0.01	0.01	0.01	0.00
公共事业	0.00	0.00	0.00	0.00	0.00	0.00	0.00	0.00
艺术娱乐	0.02	0.01	0.01	0.01	0.00	0.01	0.01	0.02
总计	1.11	1.02	1.04	1.00	0.98	1.00	0.92	0.98
行业＼地区	上海	江苏	浙江	安徽	福建	江西	山东	河南
餐饮	0.36	0.38	0.21	0.54	0.30	0.31	0.39	0.20
零售	0.09	0.12	0.14	0.14	0.21	0.22	0.23	0.23
教育	0.00	0.00	0.00	0.00	0.00	0.00	0.00	0.00

续表

行业＼地区	上海	江苏	浙江	安徽	福建	江西	山东	河南
酒店与住宿	0.00	0.00	0.00	0.01	0.00	0.00	0.00	0.00
信息通信	0.04	0.04	0.04	0.04	0.04	0.04	0.05	0.05
房地产及建材	0.00	0.00	0.00	0.00	0.00	0.00	0.00	0.00
采矿	0.01	0.00	0.00	0.00	0.00	0.00	0.00	0.00
金融银行保险	0.04	0.06	0.07	0.07	0.10	0.07	0.07	0.05
制造业	0.50	0.34	0.47	0.06	0.17	0.08	0.18	0.30
医疗卫生	0.00	0.00	0.00	0.00	0.00	0.00	0.00	0.00
批发	0.06	0.09	0.10	0.14	0.19	0.16	0.12	0.16
交通	0.00	0.00	0.00	0.00	0.00	0.00	0.00	0.00
企业管理	0.00	0.00	0.00	0.00	0.00	0.00	0.00	0.00
生产性服务业	0.00	0.00	0.00	0.01	0.00	0.01	0.00	0.00
公共事业	0.00	0.00	0.00	0.00	0.00	0.00	0.00	0.00
艺术娱乐	0.01	0.01	0.02	0.02	0.01	0.02	0.01	0.01
总计	1.11	1.05	1.06	1.05	1.03	0.92	1.05	1.02

行业＼地区	湖北	湖南	广东	广西	海南	重庆	四川	贵州
餐饮	0.26	0.27	0.19	0.23	0.21	0.41	0.38	0.40
零售	0.20	0.19	0.15	0.23	0.16	0.16	0.15	0.20
教育	0.00	0.00	0.00	0.00	0.00	0.00	0.00	0.00
酒店与住宿	0.00	0.00	0.00	0.01	0.00	0.00	0.00	0.00
信息通信	0.04	0.04	0.03	0.05	0.05	0.05	0.05	0.04
房地产及建材	0.00	0.00	0.00	0.00	0.00	0.00	0.00	0.00
采矿	0.00	0.00	0.00	0.00	0.01	0.00	0.00	0.00
金融银行保险	0.06	0.08	0.05	0.10	0.28	0.06	0.05	0.09
制造业	0.37	0.30	0.67	0.23	0.23	0.38	0.33	0.16
医疗卫生	0.00	0.00	0.00	0.00	0.00	0.00	0.00	0.00
批发	0.10	0.13	0.11	0.14	0.08	0.07	0.07	0.11
交通	0.00	0.00	0.00	0.00	0.00	0.00	0.00	0.00
企业管理	0.00	0.00	0.00	0.00	0.00	0.00	0.00	0.00
生产性服务业	0.00	0.00	0.00	0.01	0.00	0.00	0.01	0.01

续表

行业＼地区	湖北	湖南	广东	广西	海南	重庆	四川	贵州
公共事业	0.00	0.00	0.00	0.00	0.00	0.00	0.00	0.00
艺术娱乐	0.00	0.00	0.01	0.01	0.00	0.01	0.01	0.00
总计	1.05	1.03	1.22	1.01	1.03	1.14	1.06	1.02
行业＼地区	云南	西藏	陕西	甘肃	青海	宁夏	新疆	
餐饮	0.11	0.09	0.22	0.28	0.12	0.22	0.25	
零售	0.15	0.18	0.21	0.23	0.15	0.21	0.30	
教育	0.00	0.00	0.00	0.00	0.00	0.00	0.00	
酒店与住宿	0.00	0.00	0.00	0.00	0.05	0.07	0.01	
信息通信	0.06	0.07	0.05	0.05	0.06	0.04	0.08	
房地产及建材	0.00	0.00	0.00	0.00	0.00	0.00	0.00	
采矿	0.01	0.00	0.00	0.00	0.00	0.00	0.00	
金融银行保险	0.08	0.06	0.06	0.08	0.04	0.02	0.03	
制造业	0.37	0.20	0.39	0.22	0.17	0.26	0.22	
医疗卫生	0.00	0.00	0.00	0.00	0.00	0.00	0.00	
批发	0.13	0.10	0.06	0.10	0.11	0.12	0.06	
交通	0.00	0.00	0.00	0.00	0.00	0.00	0.00	
企业管理	0.00	0.00	0.00	0.00	0.00	0.00	0.00	
生产性服务业	0.01	0.01	0.01	0.01	0.01	0.00	0.01	
公共事业	0.00	0.00	0.00	0.00	0.00	0.00	0.00	
艺术娱乐	0.00	0.00	0.01	0.01	0.02	0.01	0.01	
总计	0.92	0.71	1.02	0.99	0.75	0.97	0.96	

（三）从城市层面探讨新技术吸聚力和遗漏增长

1. 重要城市新技术吸聚力和遗漏增长的贡献的比较

（1）省会城市间的比较

从省会城市层面来看，2019—2021 年绝大部分地区整体对遗漏增长的贡献值也基本围绕 100 个基点上下波动，但各省会城市间的差异变动较大，新技术吸聚力递减层次明显。其中，较发达城市贡献值基本在100个基点以上，欠发达城市基本在100个基点以下（见图3－2）。

具体来看，广州以136个基点遥遥领先；南京、杭州、北京、重庆和成都紧随广州之后，且均超过110个基点；而西宁、拉萨却分别以79个、70个基点位居末尾（见表3－4）。当然，显而易见的是，其总体特征与省际层面较为相似，这可能与省会城市在该地区的核心发展地位相关。比如，在大部分地区，如果其省会城市核心辐射力较强，那么其省会城市的新技术凝聚力就在很大程度上反映出该地区的新经济发展活力，从广州、北京、重庆等可见一斑；反之，如果省会城市新技术吸聚力在动态上与地区排名基本不一致，则说明该地区可能存在多极新技术吸聚力核心，或者是内部新技术吸聚力严重失衡，尤以湖南省（长沙）与天津市（天津）最为突出。但是，也不排除两种兼有的情况。

此外，从地域分布来看，中东部地区省会城市新技术吸聚力整体高于西部地区，西南地区除重庆、成都两大新技术吸聚力高地外，其余省会城市与东北、西北地区类似整体偏低，南昌依旧是中部地区省会城市中唯一的吸聚力洼地，区域分布不平衡。如果细分到各行业上，首先是制造业、餐饮、零售、批发、信息通信和金融银行保险成为大多数省会城市新技术吸聚力前六的行业，信息通信行业对大型城市新技术吸聚力的贡献开始显现，六大行业对新技术吸聚力的贡献度合计达到95%以上；相反，酒店与住宿、企业管理和房地产与建材多为贡献度靠后的行业，很少超过1%。其次是制造业新技术吸聚力的大小同样在很大程度上影响着该省会城市整体新技术吸聚力的衡量。同时，基于省际层面的关联性，可以从产业结构优化上对各省会城市、各省份内部的产业进行引导式定位发展，合理布局产业结构，激发经济新活力。比如福建省与福州市在各行业新技术吸聚力上的不同错位，尤其是对制造业而言。进一步地，从行业内部视角上来看，制造业、企业管理行业在各省会城市新技术吸聚力上也表现出一定的关联度，且在经济较发达城市上效应显著；生产性服务业、信息通信、批发、零售、金融银行保险和房地产及建材等行业则对于经济欠发达城市的新技术吸聚力贡献相对较大（见表3－5）。

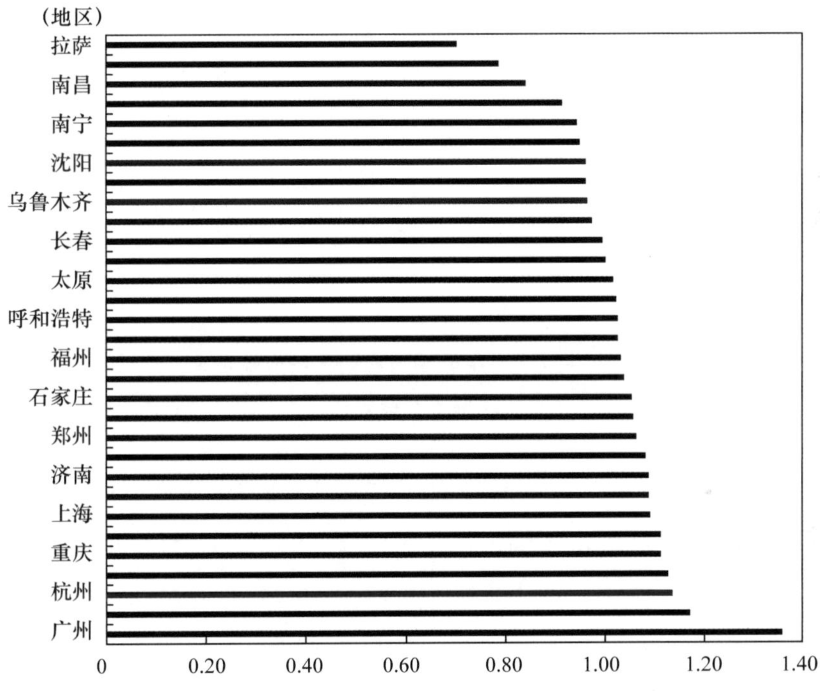

图3－2　2019—2021年省会城市层面新技术吸聚力总体对比

表3－4　　2019—2021年省会城市层面新技术吸聚力总体对比

地区	新技术吸聚力	排名	地区	新技术吸聚力	排名
北京	1.12551	4	武汉	1.08093	10
天津	1.08651	8	长沙	0.97568	22
石家庄	1.05427	13	广州	1.35678	1
太原	1.01778	19	南宁	0.94540	27
呼和浩特	1.02526	17	海口	1.03853	14
沈阳	0.96152	25	重庆	1.11109	5

续表

地区	新技术吸聚力	排名	地区	新技术吸聚力	排名
长春	0.99408	21	成都	1.10994	6
哈尔滨	0.96339	24	贵阳	1.00295	20
上海	1.08999	7	昆明	0.91376	28
南京	1.17160	2	拉萨	0.70341	31
杭州	1.13308	3	西安	1.05645	12
合肥	1.02668	16	兰州	0.94916	26
福州	1.03211	15	西宁	0.78562	30
南昌	0.84278	29	银川	1.02322	18
济南	1.08639	9	乌鲁木齐	0.96394	23
郑州	1.06248	11			

表 3-5　　2019—2021 年省会城市层面各行业新技术吸聚力总体对比

行业＼地区	北京	天津	石家庄	太原	呼和浩特	沈阳	长春	哈尔滨
餐饮	0.33	0.32	0.32	0.27	0.39	0.31	0.40	0.25
零售	0.17	0.14	0.28	0.27	0.23	0.21	0.22	0.19
教育	0.00	0.00	0.00	0.00	0.00	0.00	0.00	0.00
酒店与住宿	0.01	0.01	0.00	0.00	0.00	0.04	0.00	0.00
信息通信	0.03	0.04	0.06	0.07	0.06	0.04	0.09	0.06
房地产及建材	0.00	0.00	0.00	0.00	0.00	0.00	0.00	0.00
采矿	0.01	0.01	0.00	0.00	0.00	0.00	0.01	0.01
金融银行保险	0.03	0.04	0.04	0.05	0.03	0.06	0.05	0.02
制造业	0.45	0.45	0.22	0.27	0.22	0.14	0.13	0.19
医疗卫生	0.00	0.00	0.00	0.00	0.00	0.00	0.00	0.00
批发	0.07	0.07	0.12	0.07	0.09	0.14	0.09	0.21
交通	0.00	0.00	0.00	0.00	0.00	0.00	0.00	0.00
企业管理	0.00	0.00	0.00	0.00	0.00	0.00	0.00	0.00
生产性服务业	0.00	0.00	0.01	0.01	0.00	0.01	0.01	0.00

续表

行业＼地区	北京	天津	石家庄	太原	呼和浩特	沈阳	长春	哈尔滨
公共事业	0.00	0.00	0.00	0.00	0.00	0.00	0.00	0.00
艺术娱乐	0.02	0.01	0.01	0.01	0.00	0.01	0.01	0.01
总计	1.13	1.09	1.05	1.02	1.03	0.96	0.99	0.96

行业＼地区	上海	南京	杭州	合肥	福州	南昌	济南	郑州
餐饮	0.33	0.39	0.24	0.39	0.37	0.26	0.56	0.37
零售	0.09	0.11	0.18	0.13	0.31	0.23	0.23	0.21
教育	0.00	0.00	0.00	0.00	0.00	0.00	0.00	0.00
酒店与住宿	0.00	0.00	0.01	0.05	0.00	0.00	0.00	0.00
信息通信	0.04	0.04	0.04	0.04	0.05	0.06	0.04	0.05
房地产及建材	0.00	0.00	0.00	0.00	0.00	0.00	0.00	0.00
采矿	0.01	0.00	0.00	0.01	0.00	0.00	0.00	0.00
金融银行保险	0.03	0.05	0.06	0.05	0.10	0.05	0.05	0.04
制造业	0.51	0.52	0.53	0.24	0.02	0.12	0.09	0.26
医疗卫生	0.00	0.00	0.00	0.00	0.00	0.00	0.00	0.00
批发	0.06	0.04	0.06	0.10	0.15	0.10	0.08	0.11
交通	0.00	0.00	0.00	0.00	0.00	0.00	0.00	0.00
企业管理	0.00	0.00	0.00	0.00	0.00	0.00	0.00	0.00
生产性服务业	0.00	0.00	0.00	0.00	0.01	0.01	0.01	0.00
公共事业	0.00	0.00	0.00	0.00	0.00	0.00	0.00	0.00
艺术娱乐	0.01	0.01	0.01	0.01	0.01	0.01	0.01	0.01
总计	1.09	1.17	1.13	1.03	1.03	0.84	1.09	1.06

行业＼地区	武汉	长沙	广州	南宁	海口	重庆	成都	贵阳
餐饮	0.29	0.44	0.19	0.28	0.31	0.37	0.41	0.48
零售	0.18	0.22	0.12	0.23	0.20	0.17	0.14	0.18
教育	0.00	0.00	0.00	0.00	0.00	0.00	0.00	0.00
酒店与住宿	0.00	0.00	0.00	0.01	0.00	0.00	0.00	0.00
信息通信	0.04	0.05	0.02	0.05	0.06	0.05	0.04	0.05
房地产及建材	0.00	0.00	0.00	0.00	0.00	0.00	0.00	0.00
采矿	0.00	0.01	0.01	0.00	0.00	0.00	0.00	0.00
金融银行保险	0.05	0.06	0.03	0.08	0.03	0.06	0.04	0.03
制造业	0.43	0.08	0.89	0.16	0.35	0.37	0.40	0.17
医疗卫生	0.00	0.00	0.00	0.00	0.00	0.00	0.00	0.00

续表

行业＼地区	武汉	长沙	广州	南宁	海口	重庆	成都	贵阳
批发	0.07	0.10	0.07	0.11	0.08	0.07	0.06	0.08
交通	0.00	0.00	0.00	0.00	0.00	0.00	0.00	0.00
企业管理	0.00	0.00	0.00	0.00	0.00	0.00	0.00	0.00
生产性服务业	0.00	0.01	0.00	0.01	0.00	0.00	0.00	0.01
公共事业	0.00	0.00	0.00	0.00	0.00	0.00	0.00	0.00
艺术娱乐	0.00	0.00	0.01	0.01	0.00	0.01	0.01	0.00
总计	1.08	0.98	1.36	0.95	1.04	1.11	1.11	1.10

行业＼地区	昆明	拉萨	西安	兰州	西宁	银川	乌鲁木齐
餐饮	0.22	0.05	0.23	0.36	0.16	0.17	0.33
零售	0.18	0.36	0.17	0.21	0.13	0.20	0.22
教育	0.00	0.00	0.00	0.00	0.00	0.00	0.00
酒店与住宿	0.00	0.00	0.00	0.00	0.03	0.06	0.00
信息通信	0.08	0.10	0.05	0.05	0.16	0.05	0.07
房地产及建材	0.00	0.00	0.00	0.00	0.00	0.00	0.00
采矿	0.00	0.00	0.01	0.00	0.01	0.01	0.00
金融银行保险	0.07	0.06	0.06	0.05	0.05	0.11	0.03
制造业	0.24	0.01	0.48	0.18	0.18	0.29	0.25
医疗卫生	0.00	0.00	0.00	0.00	0.00	0.00	0.00
批发	0.11	0.10	0.05	0.08	0.08	0.08	0.05
交通	0.00	0.00	0.00	0.00	0.00	0.00	0.00
企业管理	0.00	0.00	0.00	0.00	0.00	0.00	0.00
生产性服务业	0.01	0.01	0.01	0.01	0.01	0.00	0.01
公共事业	0.00	0.00	0.00	0.00	0.00	0.00	0.00
艺术娱乐	0.00	0.00	0.01	0.01	0.00	0.05	0.00
总计	0.91	0.70	1.06	0.95	0.79	1.02	0.96

（2）重要城市间的比较

如果将5个计划单列市（大连、青岛、宁波、厦门、深圳）和苏州加入其中，在前十大城市排名中，天津和济南位居其中，而深圳、苏州、厦门等极具竞争力的个别南方城市却不在榜上。对此，从行业结构与集群效应出发，可细探究竟。不难看出，济南之所以力压武汉、西安等地的原因正在于其特殊的技术策动方向——餐饮、零售及酒店三大行业的新技术吸聚力合计近80%，而制造业却不及10%。也就是说，济南对餐饮、零售、酒店等所谓“中低端”新技术的策动力很强，因而占据了较大权重。但天津又有所不同，其排名前列并不意外。首先，天津作为直辖市城市之一，加之邻近北京这样一个超级科技创新集群中心，享有天然的新技术策动红利。可前文省际层面结果却显示天津市仅排名全国中下，这一矛盾背后的原因既有天津市内的新技术吸聚力失衡发展，也有北京、天津作为集群核心点的“虹吸效应”共同作用。此外，北京市周边地区的新技术吸聚力分布也可印证这一现象。然而，相同的一点就是，这种变化离不开各城市自身的科技创新力。如深圳、苏州和厦门等南方城市也同理。在世界知识产权组织（WIPO）所发布的《2021年全球创新指数报告》中，中国占据“最佳科技集群TOP100”中的19个领先集群，其中，深圳—香港—广州、北京分别排名世界第2、第3位，天津（第52位）、济南（第76位）是中国北方城市中极少数进入前100的两大城市。由此，借力北京这样一个超级技术思想源城市，未来北方城市的一些“中低端”新技术吸聚可进一步向高端的技术场景运用升级，从而为北方城市超越南方城市带来机会。

新技术吸聚力与城市整体政府服务环境和创业环境等相关因素均有很强的相关性，中科院联合数字一百对全国城市开展了“乐观”指数调查，调查指数包括城市政府服务、人才吸引、创业环境和宜居环境等多个维度，其调查结果与本报告的结果基本吻合（见表3-6）。

表 3－6 全国城市“乐观”调查指数

城市	政府服务	人才吸引	创业指数	宜居环境
杭州	75.85	77.76	74.13	78.69
北京	75.75	73.68	74.46	76.26
上海	75.14	74.37	73.37	79.11
深圳	73.83	74.68	72.96	77.28
宁波	70.87	67.78	67.69	77.25
广州	70.71	68.60	67.69	74.10
厦门	70.47	63.75	61.30	77.10
南京	70.35	69.46	66.55	77.19
青岛	69.57	66.80	64.55	75.39
济南	69.10	62.36	60.65	70.89
天津	69.04	68.48	66.59	72.06
苏州	69.04	69.04	64.63	75.93
乌鲁木齐	68.93	58.39	55.15	73.82
成都	68.20	66.63	65.02	75.15
重庆	67.42	61.75	62.87	72.24
福州	67.21	63.31	61.55	71.05
海口	67.09	71.88	64.60	72.25
石家庄	66.70	61.84	61.28	68.36
长沙	66.34	65.60	64.05	73.08
沈阳	66.27	58.59	59.08	72.18
南宁	65.20	58.59	59.66	71.59
合肥	64.91	59.09	59.08	68.14
长春	64.67	54.38	55.33	70.89
郑州	64.67	62.53	60.08	69.34
兰州	64.52	45.10	52.20	65.63
贵阳	64.08	56.42	59.62	68.52

续表

城市	政府服务	人才吸引	创业指数	宜居环境
南昌	62.99	55.27	52.25	65.97
西安	62.76	63.72	57.91	68.96
哈尔滨	62.73	54.01	52.58	67.47
昆明	62.64	54.38	57.04	68.95
武汉	62.13	62.73	61.47	68.47
大连	61.25	52.97	52.66	70.26
银川	61.01	51.74	57.54	70.10

2. 从一、二、三线城市维度看新技术吸聚力和遗漏增长的贡献

从分城市等级层面来看，2019—2021 年一、二、三线城市的遗漏增长均超过 110 个基点，新技术吸聚力呈三线城市、一线城市、二线城市依次递减的格局。其中，制造业、餐饮、零售、批发和金融银行保险五大行业对新技术吸聚力的贡献达到 94% 以上，并与信息通信、艺术娱乐、生产性服务业一起稳居各行业新技术吸聚力前八（见表 3 -7）。

具体来看，在一、二、三线城市中，制造业对新技术吸聚力的贡献度最大，分别为 47.49%、44.77% 和 41.13%。而就新技术吸聚力比较，则是一线城市（0.54）大于三线城市（0.49）大于二线城市（0.48）。一、二、三线城市的餐饮、零售和批发的累计贡献度都超过 44%。而三线城市在餐饮、零售和批发三个方面新技术吸聚力之所以高于一、二线城市，原因在于餐饮、零售和批发三大行业对本地经济的支撑。此外，从其他行业内部比较来看，三线城市在生产性服务业、艺术娱乐、金融银行保险上更具优势，二线城市在信息通信、公共事业上稍有领先，一线城市则在在采矿、医疗卫生、酒店与住宿、教育和公共管理上贡献突出。由此可见，对于那

些新技术吸聚力较低的行业，较发达城市所取得的突破更为明显，大多属高新技术偏向。而对大部分欠发达城市来说，可以提供更多就业岗位的服务业却成为其受新技术冲击的首要目标。这一结论同样适用于前文中关于省际、省会城市层面的分析之中。

表3－7　　2019—2021年分城市等级层面各行业新技术吸聚力总体对比

行业	一线城市		二线城市		三线城市	
	贡献值	占比（%）	贡献值	占比（%）	贡献值	占比（%）
制造业	0.54094	47.49	0.49475	44.77	0.48381	41.13
餐饮	0.28236	24.79	0.23647	21.40	0.29907	25.43
零售	0.14371	12.62	0.15456	13.99	0.15485	13.16
批发	0.07349	6.45	0.10506	9.51	0.11873	10.09
金融银行保险	0.04091	3.59	0.05713	5.17	0.06736	5.73
信息通信	0.03558	3.12	0.03865	3.50	0.03322	2.82
艺术娱乐	0.00720	0.63	0.00748	0.68	0.01008	0.86
生产性服务业	0.00402	0.35	0.00372	0.34	0.00404	0.34
采矿	0.00336	0.29	0.00188	0.17	0.00073	0.06
交通	0.00250	0.22	0.00200	0.18	0.00158	0.13
医疗卫生	0.00147	0.13	0.00114	0.10	0.00095	0.08
酒店与住宿	0.00106	0.09	0.00045	0.04	0.00026	0.02
教育	0.00102	0.09	0.00066	0.06	0.00055	0.05
公共事业	0.00093	0.08	0.00095	0.09	0.00085	0.07
企业管理	0.00032	0.03	0.00010	0.01	0.00006	0.01
房地产及建材	0.00010	0.01	0.00012	0.01	0.00012	0.01
总计	1.14	1.11	1.18			

（四）新技术吸聚力的行业分布

1. 服务业是新技术吸聚力的增长极

基于对“行业—地区”新技术吸聚力的结果分析，可以看到不同行业的新技术吸聚力是不同的。首先，服务业的新技术吸聚力贡献值高达50%，这其中餐饮和零售业起到了主导作用，其新技术吸聚力贡献值大约占37%，这个结论同Aghion等①对于服务业贡献的结论是一致的。即认为缺失的增长中贡献最大的行业就是酒店、餐饮和零售贸易，三者贡献占比高达62%。这是因为，餐饮、零售业的商店在全国分布范围广，因此相关新技术的应用也随之变得广泛，如送餐机器人、中央厨房、在线旅游和社区团购等。

当前全球产业结构正在逐步由“工业型经济”向“服务型经济”加速转型，以云计算、大数据、移动互联网、物联网和新型终端技术等为代表的新一代信息技术正带动服务计算、知识图谱等技术的深入研究和应用，为现代服务业发展提供了更好的技术基础和更大的发展空间。新材料、装备、能源及生物技术等领域不断取得突破，信息技术与各个领域交叉融合的速度正在加快，促使第一、二产业与现代服务业更加深度融合，催生云制造、数字医疗等新业态，现代服务业呈现出“跨界融合”的新态势与新特征。与此同时，近年来我国高度重视服务业发展，服务业规模不断壮大，产业结构持续优化，2020年1—11月，规模以上高技术服务业、科技服务业和战略性新兴服务业营业收入增速分别为12.0%、11.0%和8.6%。

---

① Aghion, P., Bergeaud, A., Boppart, T., Klenow, P. & Li, H., “Missing Growth from Creative Destruction”, *American Economic Review*, 2019, Vol. 109, No. 8.

此外，餐饮业和零售业对新技术吸聚力的贡献之大显而易见且不难理解。随着互联网化的进程加速和互联网原住民数量逐渐壮大，人们的生活习惯正在发生改变，受到技术发展和消费升级的双驱动，我国餐饮业和零售业与新技术的结合日益密切。新技术对我国餐饮业和零售业的影响主要体现在供应链、产品研发以及销售平台等多领域的创新，随着新型供应模式的出现和流行、线上服务平台的广泛使用、越来越细分的消费场景以及智能设备的应用意味着商品将传递给更多的新消费者。

这些新技术的出现也将会造成一些岗位或商业形式逐步退出市场，如餐厅服务员因送餐机器人的出现、配菜员因中央厨房的出现而使得岗位需求减少，旅行社门店因在线旅游网站和在线旅游 APP 的出现而锐减，社区小超市因在线社区团购的出现而开始逐渐减少甚至消失。其背后逻辑在于新技术革命对产业转型升级无所不在的渗透加持。

2. 制造业是新技术吸聚力总体贡献的压舱石

新技术吸聚力贡献值最高的头三名分别正是制造业、餐饮业和零售业，这三者的新技术吸聚力大概占 85%，其中制造业的吸聚力贡献值是最高的，达到 40% 以上，在一线城市制造业吸聚力的贡献值更是高达 47%。这与 Aghion 等①的结论相反，其认为缺失的增长中制造业的贡献极其微小，仅不到 5%。这源于中美两国在产业结构塑造上的深层次差异，美国 2020 年制造业仅占其 GDP 总额的 10.83%，而中国却占 26.18%。同时也要看到，中国虽是制造业大国，但却尚未成为制造业强国，制造业在全球价值链上的“低端锁定”困局成为中国制造业发展中

① Aghion, P., Bergeaud, A., Boppart, T., Klenow, P. & Li, H., “Missing Growth from Creative Destruction”, *American Economic Review*, Vol. 109, No. 8, 2019.

的重大羁绊。这就使得中国制造业既难以与处于价值链中高端的发达国家制造业展开竞争，又受到来自包括东南亚各国在内的其他发展中国家的强力挑战。因此，培育先进制造业，强调制造业信息化、智能化，成为中国制造业发展的焦点所在。中国于2015年提出了通过“三步走”实现制造强国的战略目标，并先后出台了《国务院关于深化“互联网+先进制造业”发展工业互联网的指导意见》《工业互联网平台建设及推广指南》等政策。中国的制造业在不断地向自动化、信息化、智能化方向发展，中国制造业在此基础上不断地吸聚新技术，也因此在制造业中有许多新技术替代了原有的产品或工种。例如，工业机器人的出现部分替代了流水线工人，数据标注技术的实现取代了安检员的大部分工作。

四　发挥新技术的经济增长效应

在新时代下，转变经济发展方式，提高自主创新能力，使产业高端化成为经济发展的主线。要想推动产业结构转型升级，就必须紧紧依靠创新驱动，以技术创新改造传统产业，充分发挥新技术对产业升级的内在驱动力，打造战略性新兴产业，延伸产业链向纵深领域发展，进而实现经济发展质量变革、效率变革、动力变革，为经济发展注入新活力。

（一）破除体制机制障碍，加强协同创新驱动软环境建设

在创新驱动发展下，发挥技术创新对经济发展转型的驱动力，关键在于如何打破认识技术与创新的线性思维。长期以来，重视创新即重视技术投入的传统观点大行其道，却忽略了创新驱动机制对于技术创新的基础性变革，使得新技术难以在根本上对推动产业转型升级形成长久动力。即创新驱动产业转型升级的成效取决于其驱动机制的设计、运行、保障和控制。为此，需重视相关制度框架的深层改革，平衡以往适用于技术追赶的自上而下的体制机制。在注重效率的同时，强调自下而上的创新，释放全社会创新活力，以价值创造、市场标准来寻找下一代创新方向与核心技术，打造战略性新兴产业。一是解放创新驱动思想，形成开放式创新思维模式，增强服务意识。应以打

破制度性障碍为主，降低创新要素集聚成本，树立开放式创新理念，使重大技术创新能够无障碍落地、无顾虑发展。着力促进技术创新，避免产业转型升级成为无源之水。二是政府要适当发挥引导调控作用，削减行政审批，着力创新体制机制，建立有利于创新发展的政府职能体系。三是要规范政府行为，清除各种不利于创新发展的制度框架，严格监管政策执行过程。此外，还要聚焦产业创新软环境建设。作为创新驱动发展的制度性依托，软环境建设将会着力提升区域内核心产业的创新资源整合能力，增强其自主创新能力，形成分工合理、特色明显、优势互补的产业结构，从而培育一批具有未来发展前景的本土化战略性新兴产业企业，以带动区域产业转型升级。

（二）搭建多元开放式创新平台，促进科教优势转化为技术创新优势

党的十九大报告中提出要建设以企业为主体、以市场为导向、产学研“深度融合”的技术创新体系。当前，我国产学研融合仍然面临深入发展的瓶颈，一些制度性障碍仍阻碍着技术成果转化为生产力，其关键在于技术研究与产业需求脱钩。因此，必须继续深化技术创新体制改革，搭建多元开放式创新驱动平台，明确协同创新中各主体的责任与角色，更快释放技术创新活力。一是合理发挥大学、科研院所和企业在创新体系中的角色定位，充分发挥各自优势。二是构建有效的产学研合作机制，提高产学研合作层次。这就要求相关研究应与产业需求挂钩，深入挖掘产业需求，并与未来需求相结合，为一代产业关键技术提供有效的知识支撑；转变相关技术研究绩效考核体系，重视技术创新为产业服务的观念。同时，根据区域内不同产业发展的技术需求，推动各主体进行协同创新，形成与本地产业特点相适应的创新孵化器，将最新创新成果转化成具有产

业前景的技术成果，切实改变技术与经济“两张皮”的现象。首先，应大力推动先进技术研究成果的公开推广，多渠道、广范围提供技术推广服务，确保技术信息的广泛传播；其次是从制度上明确技术成果转化的责任权利及配套实施细则，调动技术人员转化研究成果的积极性；同时加大对知识产权的重视与保护，特别是技术类的无形资产；最后要加快形成专业化的技术成果转移服务体系，促进技术创新与经济社会融合发展。在此基础上，围绕相关产业战略布局和区域发展规划，引导区域内产业通过交叉合作的形式，从各级优势创新上积聚力量，集中进行由技术研发到产业融合发展的端对端创新，加速新技术赋能产业转型升级，推动战略性新兴产业发展壮大。

（三）完善区域创新体系建设，构建有机关联的创新空间结构体系

从区域边界视角来看，不同地理空间上的创新主体具有区域依赖性，且创新要素相互影响、相互作用，使得创新行为在空间层面扩散和集聚，即创新驱动对产业升级发展具有空间溢出效应。而在实际中，进行技术创新要受到具体的社会、经济发展等因素所决定，包括新技术对产业转型升级的机制效应，这就使得新技术与产业发展结合会因地区条件异质性而存在差异化。因此，通过建设完善的区域创新体系，以创新集聚来促进新兴产业集聚，成为必然要求。一是强化区域创新集聚能力，搭建并强化区域创新驱动载体与平台，吸引多方主体协同创新，加快技术创新助力产业高质量发展的步伐。从完善产业创新园区出发，打造技术创新园区、创新人才园区和创新产业园区，构建从技术诞生到市场落地的全创新链条。加速建设适应于当地发展特征的产业技术转移创新服务，推动区域主导产业、创新要素向核心园区集聚，打造若干错位、功能互补、特色突出

的产业聚集区。引导园区内企业开展创新合作与产业共建，最大限度发挥各类优势创新资源，加速新技术与产业相结合。二是注重区域创新驱动策略差异化，使得技术创新优势得以在不同区域内进行梯度发挥。发挥以强带弱的技术空间溢出效应，有力促进落后地区产业高质量发展，提升经济增长空间。首先，东部地区应高效利用现有创新资源，结合自身在产业、政策优势，大力发展先进制造业与现代服务业，提升创新效率与产业层次，做好领头羊；其次，中部地区要专注于提高自主创新能力，加大技术研发投入，并完善与之相关的政策、服务体系，借力产业转移，推动产学研深度合作，提升产业结构层次；此外，西部地区应注重创新要素积累，紧抓政策机遇，借助中东部地区创新集聚的外溢效应，以创新驱动传统产业改造升级。

（四）聚焦制造强国建设，以融合发展推动服务业数字化、品质化转型

制造业与服务业作为我国两大支柱性产业，推动两者高质量发展是构建新发展格局的应有之义。在党的十九大报告中就已明确提出，要加快建设制造强国和发展先进制造业。目前，我国制造业大而不强，正处于提质增效的关键时期。作为创新的主力军，推动制造业发展就必须依靠创新驱动。一是着眼于产业转型升级的需要，促进信息化与制造业相融合，以新一代信息技术改造传统产业；借助技术迭代加快培育新兴产业，形成新的经济增长点。二是紧抓核心关键技术突破，大力发展“高精尖”先进制造业，增强制造业整体竞争力。三是要以市场需求为导向，在前沿战略性先进制造业领域中加大布局力度，坚持面向未来进行制造业技术创新，率先厚植未来发展新优势。与此同时，要加快发展现代服务业，推动现代服务业同先进制造业深度融合，推进服务业数字化。首先，应抓住新一轮以

人工智能为代表的新技术革命所带来的重大变革机遇，以未来市场需求为导向，通过科技渗透加速服务业与制造业深度融合，促进两业协同共进。其次，应把握当前新技术向新服务转化的大趋势，挖掘数据生产要素效能，坚持以创新驱动发展来推动数字技术与服务业深度融合，培育新模式、新业态，实现服务业技术创新、理念创新和商业模式创新，促进服务业结构优化和效率提升。一方面是要加快推动新一代信息技术在服务领域的创新应用，让新技术重塑服务业全域扩展链，推动服务与技术深度融合及迭代创新；另一方面是基于技术改造，从服务主体、模式创新和服务体验上主动适应创新发展，提升服务能力与质量，带动服务业在新业态、新领域上拓展成长。最后，应从构建高质量服务标准体系出发，为服务业发展注入“软核心”。要注重营造有利于服务业高质量发展的生态式环境，以高品质服务标准建设来提高服务供给体系水平，坚持服务质量至上，进一步夯实服务业高质量发展的基础。

（五）大力发展战略性新兴产业，发挥新技术优势

应该把发展战略性新兴产业放在科技自立自强和制造业高质量发展的大格局中，并将其作为坚持创新驱动发展、全面塑造竞争新优势的重要内容。

一是在推动战略性新兴产业高质量发展的过程中，要强调“领跑思维”的重要性。不仅要树立“领跑思维”，形成特色突出、优势互补、结构合理的产业发展格局。另外，还应强化“领跑思维”，即把战略性新兴产业作为塑造地区竞争力的重要领域。通过充分发挥其优势，坚持战略导向，在重要、新兴、前沿的战略性新兴产业领域中加大布局力度，在构建现代产业体系中抢抓先机，直道冲刺，换道领跑，以此构筑未来发展新

优势。

二是在双循环发展格局中，要发挥内需场景优势。着力推动战略性新兴产业以市场需求为导向，以应用场景为牵引，以市场规模优势为依托，带动技术突破和应用迭代发展，形成需求牵引供给、供给创造需求的更高水平的动态平衡，实现战略性新兴产业更高质量、更有效率、更可持续、更为安全的发展。

三是发展战略性新兴产业，要着力增强企业活力和实力。以培育一批具有全球竞争力的世界一流企业为目标，做大做强一批产业关联度高、创新能力强的骨干企业，带动中小微企业发展。重点培育一批专注细分领域的“专精特新”小巨人企业和“单项冠军”企业，构建并完善大中小微企业专业化分工协作、共同发展的战略性新兴产业体系。

四是要构建新兴产业集聚区。新技术的研发和应用不可能一蹴而就，需要经过技术、市场等多重考验。产业集聚区可以汇集政府、大学和科研机构等科研主体，以及供应商、生产商、代理商等相关企业，形成一个完善的创新网络，在一定程度上降低了企业自主创新的不确定性，可以使资源禀赋的比较优势进一步发展成为区域创新能力的竞争优势，从而对自主创新起到重要的支撑作用。一方面，产业集聚区内的企业既有合作又有竞争，能带动相关产业的整体创新，使集群创新水平得到不断提升。另一方面，产业集聚区内技术人员的专业知识、科学素养相似，使企业在开展创新过程中容易形成合作联盟，通过相互合作实现共同进步。不仅如此，产业集聚区内企业开展研发合作会促进技术扩散，使创新性知识的传播、引进、消化和吸收更加迅速，加快形成二次创新。

五是推动战略性新兴产业量质齐升，应做好政策、金融、人才和营商四大支撑。完善政策支撑，尽快建立产业政策和竞争政策协同促进战略性新兴产业发展的机制，加快产业、财税、金融、土地、投资等政策协同配合。完善金融支撑，创新金融服务和产品，构建广覆盖的科技金融服务体系，完备多层次资本市场体系，引导产业资本、金融资本、社会资本共同支持战略性新兴产业发展。完善人才支撑，加大人才培养和吸引力度，形成符合新时代技能与知识结构要求且相对丰富的人力资源供给保障，助力战略性新兴产业的高质量发展。完善营商支撑，不仅要强化营商优化，持续推进“放管服”改革，畅通政企双向沟通渠道，构建亲清政商关系，还要建设高标准市场体系，加强产权和知识产权保护，坚定企业发展信心。

五　机器人代表未来新技术方向

自动化和数字化是全球新技术发展的重要方向。随着老龄化和少子化时代的到来，我国的劳动人口数量和比重持续下降，而人均收入不断增长、劳动保障体系不断健全，使企业用工成本持续增加。自动化和数字化，尤其是机器人在各行业的应用，可以提升我国未来的国家竞争优势，又是应对老龄化和少子化的利器。

（一）自动化和数字化是新技术发展的趋势

1. 自动化和数字化具有重要经济意义

发展自动化和数字化是提升国家生产力，增加产品和服务的竞争优势的有效途径。自动化和数字化通过优化流程、增加效率、改善供应链，从而降低生产和交易的成本，使得价格下降或质量提升，推动经济增长。具体来说，一是机器人的使用可以降低企业在人力成本方面的投资，使已经转移到更低劳动成本国家的生产供应链重新回归到国内。二是自动化和数字化可以构建数据驱动的高效运营管理新模式。企业通过自动化和数字化打通核心数据链，贯通生产制造全场景、全过程，基于数据的广泛汇聚、集成优化和价值挖掘，优化、创新乃至重塑企业战略决策、产品研发、生产制造、经营管理、市场服务等业务活动。例如，通过自动化和数字化改造，实现快速适应生产和响应需求变化的灵活性，提高应对生产高峰和抵御突发事件的韧性。三是通过优化性能，如降低能耗、减少材料浪费等提高能源利用和资源使用效率，提高生产力和员工的工作质量，降低运营或资本成本，提高产品质量和产量等。四是自动化为居家办公和灵活就业提供了更大的空间，为就业、创业提供更多新方式，增加了工作在时间和空间上的灵活性。在促进消费的层面，自动化和数字化的发展让我们更广泛而精准地了解商品和服务信息，让消费更加便捷。自动化和数字化是全球的发展趋势。世界经济论坛《2020 年未来工作报告》称，全球超过 80% 的企业正在加速布局，推进工作流程数字化，而 50% 的企业则希望加快实现部分岗位的自动化。①

2. 政策支持自动化和数字化发展

从国内政策环境看，国家层面和各省层面政策相继推出，全国正在进入以数字化生产力为主要标志的新阶段。2015 年国务院印发的《中国制造 2025》，提出立足国情，立足现实，力争通过“三步走”实现制造强国的战略目标。随着 2025 年的临近，在“十年迈入制造强国”的目标要求下，国务院及各政府部门相继出台了相关的行业法规和产业政策，为自动化和数字化的发展提供了有力的支持和良好的环境（见表 5 - 1）。

从 2021—2022 年最新出台的数字化转型相关政策规划数量来看，浙江、山西、江西、北京、贵州、重庆等省份的政策支持力度较大（见图 5 - 1）。

① World Economic Forum, V. *The Future of Jobs Report*, Retrieved from Geneva, 2020.

表 5 - 1 2019—2021 年国家层面相关规划和政策文件

序号	发布时间	政策名称	发布单位	政策内容
1	2019 年 10 月	《制造业设计能力提升专项行动计划（2019—2022 年）》	工业和信息化部等 13 部门	争取用 4 年左右的时间，推动制造业短板领域设计问题有效改善，工业设计基础研究体系逐步完备，公共服务能力大幅提升，人才培养模式创新发展。在高档数控机床、工业机器人、汽车、电力装备、石化装备、重型机械等行业，以及节能环保、人工智能等领域实现原创设计突破。在系统设计、人工智能设计、生态设计等方面形成一批行业、国家标准，开发出一批好用、专业的设计工具。高水平建设国家工业设计研究院，提高工业设计基础研究能力和公共服务水平
2	2020 年 5 月	《工业和信息化部关于工业大数据发展的指导意见》	工信部	支持工业企业实施数字化改造，省级各类信息系统，推动研发、生产、经营、运维等全流程的数据采集。支持重点企业研制工业数控系统
3	2020 年 7 月	《关于深化新一代信息技术与制造业融合发展的指导意见》	中央全面深化改革委员会	加快推进新一代信息技术和制造业融合发展，顺应新一轮科技革命和产业变革趋势，以供给侧结构性改革为主线，以智能制造为主攻方向，加快制造业生产方式和企业形态根本性变革，夯实融合发展的基础支撑，健全法律法规，提升制造业数字化、网络化、智能化发展水平
4	2020 年 11 月	《中共中央关于制定国民经济和社会发展第十四个五年规划和 2035 远景目标的建议》	国务院	提升企业技术创新能力，发挥企业家在技术创新中的重要作用，鼓励企业加大研发投入，对企业投入基础研究实行税收优惠；打造新兴产业链，推动传统产业高端化、智能化、绿色化

续表

序号	发布时间	政策名称	发布单位	政策内容
5	2021年3月	《中华人民共和国国民经济和社会发展第十四个五年规划和2035年愿景目标纲要》	国务院	坚持把发展经济着力点放在实体经济上，加快推进制造强国、质量强国建设，促进先进制造业和现代服务业深度融合，强化基础设施支撑引领作用；坚持自主可控、安全高效，推进产业基础高级化、产业链现代化，保持制造业比重基本稳定，增强制造业竞争优势，推动制造业高质量发展。重视高端新材料、重大技术装备、智能制造与机器人技术、航空发动机及燃气轮机、北斗产业化应用、新能源汽车和智能（网联）汽车、高端医疗装备和创新药、农业机械装备等制造业核心竞争力提升
6	2021年12月	《“十四五”智能制造发展规划》	工信部等八部门	“十四五”及未来相当长一段时期，推进智能制造，要立足制造本质，紧扣智能特征，以工艺、装备为核心，以数据为基础，依托制造单元、车间、工厂、供应链等载体，构建虚实融合、知识驱动、动态优化、安全高效、绿色低碳的智能制造系统，推动制造业实现数字化转型、网络化协同、智能化变革。到2025年，规模以上制造业企业大部分实现数字化网络化，重点行业骨干企业初步应用智能化；到2035年，规模以上制造业企业全面普及数字化、网络化，重点行业骨干企业基本实现智能化

资料来源：作者根据中国政府网、中信证券研究报告整理。

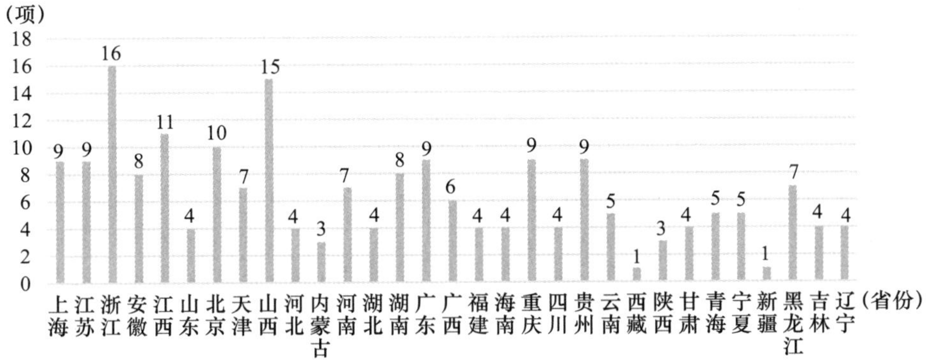

图 5－1　中国 31 个省份出台数字化相关政策数

3. 数字化和自动化的发展现状

从行业发展来看，智能制造作为自动化和数字化的重要部分，已经取得了很大进步。《“十四五”智能制造发展规划》指出我国在近十年的发展中，通过产学研用协同创新、行业企业示范应用、央地联合统筹推进，供给能力不断提升，智能制造装备市场满足率超过 50%，主营业务收入超 10 亿元的系统解决方案供应商达 40 余家。支撑体系逐步完善，构建了国际先行的标准体系，发布国家标准 285 项，牵头制定国际标准 28 项；培育具有行业和区域影响力的工业互联网平台近 80 个。推广应用成效明显，试点示范项目生产效率平均提高 45%、产品研制周期平均缩短 35%、产品不良品率平均降低 35%，涌现出离散型智能制造、流程型智能制造、网络协同制造、大规模个性化定制、远程运维服务等新模式新业态①。以工信部、发改委、财政部和市场监管总局发布的智能工厂来看，2021 年全国共有 110 家，其中广东省、山东省、浙江

① 工业和信息化部等 8 部门：《“十四五”智能制造发展规划》（http://www.gov.cn/zhengce/zhengceku/2021－12/28/5664996/files/a22270cdb0504e518a7630fa318dbcd8.pdf）。

省为前3名，上榜均超过10家，东南沿海地区持续发挥示范作用。①

（二）机器人是自动化和数字化应用的集中体现

1. 机器人发展的历史

机器人诞生于美国，兴盛于日本。1959年，发明家德沃尔与约瑟夫·英格伯格联手制造出第一台工业机器人，它的结构和功能都十分简单，只能进行简单的重物搬运。但由于失业率高、工会阻挠等原因，工业机器人并未在美国生根发芽。由于各方面的优势，日本接过了美国的接力棒，成为工业机器人产业的引领者。目前日本已经形成了从上游核心零部件到中游本体制造，再到下游系统集成的完整产业链。其中，最有名的公司莫过于“工业机器人四大家族”中的发那科与安川，以及减速器龙头哈默纳科以及纳博特斯克。

日本拥有从核心零部件到本体，再到系统集成的完整产业链，同时拥有多家世界知名的机器人公司，掌握最多的工业机器人技术专利，在工业机器人的每个环节、在关键技术上都处于绝对领先的地位。除了涂装轨迹规划技术等若干小方面中国可以与日本分庭抗礼外，其他所有技术基本都被日本牢牢把控，其中谐波减速器、RV减速器、电焊钳以及焊缝追踪四个领域大部分专利都属于日本。②

---

① 工业和信息化部等4部门：《2021年度智能制造示范工厂揭榜单位和优秀场景名单》（https：//www. ncsti. gov. cn/kjdt/tzgg/202202/t20220218_ 59474. html）。

② 邓洲：《工业机器人发展及其对就业影响》，《地方财政研究》2016年第6期。

表 5-2　　工业机器人关键技术领域专利来源国结构

关键技术	来源国				拥有专利最多的企业
谐波减速器	日本：69%	中国：11%	美国：8%		哈默纳科
RV 减速器	日本：88%	中国：10%	法国：1%		纳博特斯克
电焊钳	日本占有绝对优势				日产汽车
3D 视觉控制	日本：37%	美国：31%	中国：8%		发那科
焊缝追踪	日本：超过 70%				日立
涂装轨迹规划	中国：32%	日本：31%	德国：21%	美国：16%	东机工

资料来源：2022 世界机器人大会发布《中国机器人产业发展报告（2022 年）》（http：//lib. ia. ac. cn/news/newsdetail/68443）。

日本能取代美国成为工业机器人领域领导者，原因主要有四点：一是经济快速发展的同时，劳动力出现了短缺；二是下游应用推动；三是政策大力扶持；四是石油危机等因素。从内部因素来看，除了政策扶持、汽车产业推动，其中劳动力出现短缺是最主要的情况；从外部因素来看，美国对日的贸易逆差迫使日元贬值，而制造升级的需求受贸易战影响较小。下面从劳动力短缺和美元对日元贬值两方面进行详细说明。

首先，经济腾飞之下的劳动力短缺是推动日本机器人发展的内部因素。日本在第二次世界大战后经济开始腾飞。由于国内民主改革，石油价格低，以及美国的战略扶持等原因，日本的经济迅速恢复，在 1951 年恢复到了战前水平。1960—1980 年正处于经济飞速发展时期，GDP 增速最高达到 25%。1965 年国民生产总值跃居世界第五位，1968 年超越联邦德国，成为仅次于美国的经济大国。

劳动力出现短缺发生在 1960—1980 年，日本名义 GDP 复合增速达到了 14.6%，实际 GDP 复合增速达到 6.7%，而劳动人口的复合增长率仅为 1.1%。快速的经济发展和产业扩张对应着对生产力的需求旺盛，但劳动人口的数量却无法满足庞大的生产需求。这个时期的失业率极低，在 20 世纪 60 年代的很长时间内甚至低于自然失业率（1.5%—2.5%），并且在 20 世纪 60—80 年代一直维持着较低的失业率。① 在当时，日本的招工岗位甚至多于求职人数，劳动力的短缺大大提升了劳动者的议价能力。与此同时，日本的人口增长率于 20 世纪 70 年代后在一直维持在较低的水平，低人口增长率意味着劳动力的短缺具有持续性，如果继续保持劳动密集型的生产方式，未来的劳动力供给将会持续不足。

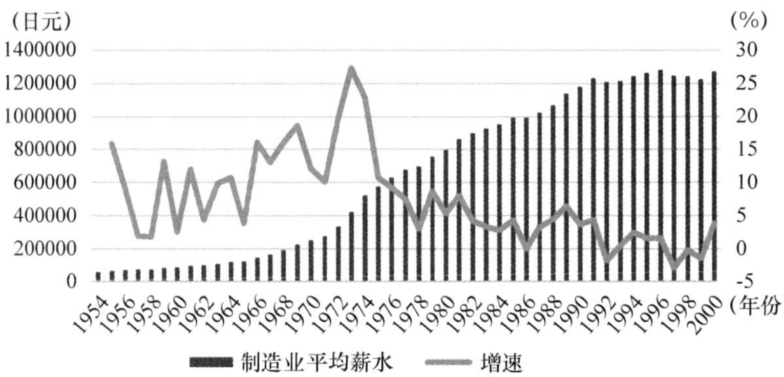

图 5－2　日本制造业平均雇员薪资及增速②

劳动力短缺导致用人成本迅速升高，机器人顺势增长。根据经济学原理，市场供不应求的直接结果就是卖方价格的增加，而日本制造业 1955—1980 年平均薪资的大幅增加也从侧面验证了这一原理。值得注意的是，1965—1975 年，制造业薪资水平的复合增长率高达 16.55%。正是这段时期，日本工业机器人完成了从摇篮期到实用期的演变。

其次，石油危机的爆发和美国对日的贸易逆差迫使日元贬

① 孙杭生、丁庆蔚：《日本“世界工厂”繁荣期的制造业转型升级》，《商业研究》2010 年第 10 期。

② 2001 年 1 月 6 日，日本中央省厅重新编制，大藏省改制为财务省。国家的预算、税制、货币、国债等事宜都属于财务省职权。

值是日本机器人发展的两大外部因素。石油危机的爆发迫使日本制造业在生产效率上追求极致。在1973年爆发“石油危机”后，原油价格从每桶3美元大幅上涨到每桶10.6美元。石油危机的爆发让石油资源匮乏的日本受到了很大的冲击，制造业的生产成本骤增。在石油价格与人工成本飙升的双重夹击下，提高生产效率是唯一的选择。这个时期，工业机器人完美地迎合了制造业的需求。

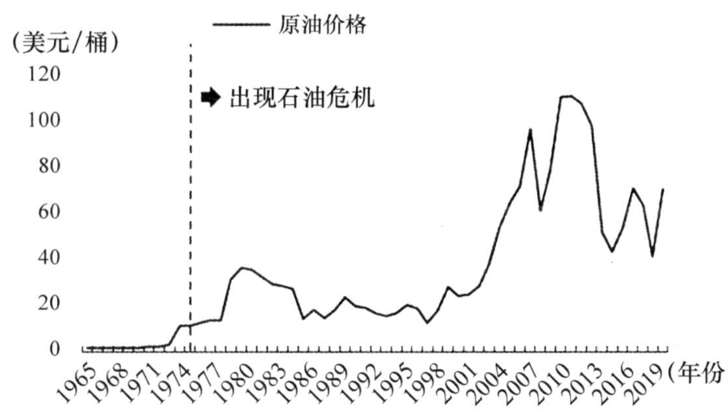

图5-3 石油危机让生产成本骤升

资料来源：英国石油公司（BP）。

与现在的情况类似，20世纪80年代初期，美国财政赤字剧增，对外贸易逆差大幅增长。美国希望通过美元贬值来增加产品的出口竞争力，以改善国际收支不平衡状况。1985年，美国、日本、联邦德国、法国以及英国的财政部部长和中央银行行长在纽约广场饭店举行会议，达成著名的“广场协议”。从这之后，不到3个月的时间内，美元从1∶250日元降到了1∶200日元，跌幅达到20%。在1987年，美元贬值为1∶120日元。日元的大幅升值降低了日本出口的价格优势。

制造升级的需求受贸易战影响较小。在“广场协议”前后，美国发起了多个贸易保护措施，主要涉及钢铁、彩电、汽车以及半导体行业。日本都以较为消极的限制出口为应对方式。然而美国的贸易保护并没有影响到日本工业机器人产业的崛起。美国在20世纪70年代对彩电与1981年对汽车行业的贸易战并没有对日本的工业机器人造成实质性影响。可以看到，1987—1990年，日本工业机器人的订单仍然保持着较快的增长速度。我们认为，这是因为日本大部分的工业机器人都在本国使用，较少出口到美国。其次，工业机器人作为一种资本性投入，买方意愿主要取决于其投资回报率。当工业机器人的单位产出成本低于人工成本时，工业机器人的需求是具有一定刚性的。贸易战对生产成本的影响较小，对企业的工业机器人购买意愿影响不大。贸易战的后果是倒逼日本进行“内循环”或“国产替代”，由此形成日本自动化升级转头向内，并建立起完备的产业链和供应链。这个情形和中国目前的情形具有类似性。

中国机器人产业起步较晚。虽然早在20世纪70年代，科技部就将工业机器人列入了科技攻关计划，原机械工业部也牵头组织了点焊、弧焊、搬运等工业机器人相关领域的攻关，但由于当时国内人口红利正盛，市场需求不足，工业机器人产业的发展出现了较长时间的停滞。等到2010年以后，市场重新将目光投向该领域时，日德等制造强国已经建立起了完善的产业链，在市场竞争中占据了先发优势。国内工业机器人无论是本体还是核心零部件，都与国外巨头存在着巨大的差距。2010年以后，国内的工业机器人产业开始全面发展。当前，国内的工业机器人仍以本体制造的组装为主，零部件尚需要大量进口，且产品主要定位在中低端市场。

2. 机器人的定义和分类

（1）机器人的定义

机器人是指可程序化，拥有两轴或两轴以上的结构，在一定程度上拥有自主性，可在一定环境中运动，完成特定任务的智能机械系统。[①] 目前，对于机器人的分类，国际上主要有国际标准化组织分类以及国际机器人联合会（IFR）基于统计补充的分类方式。[②] 在国内，依据的是 2021 年 6 月实施的《机器人分类》标准。

（2）国际机器人分类

按照 ISO 10218 - 1 规范，国际上将机器人分为两类，即工业机器人和服务机器人。人机协同机器人是工业机器人一种子类型。随着人工智能技术的飞速发展，加之自动化需求的不断变化，机器人分类的界限越来越模糊，近几年研发的机器人都试图把工业机器人和服务机器人的特点融合于一身。技术性能方面，工业机器人侧重运行精确度，服务机器人更侧重于对环境的感知和人机交互。工作环境方面，工业机器人的工作环境大都固定不变，而服务机器人面临的多是未知多变的环境。所以，服务机器人对人工智能的要求更高、更全面。

工业机器人是一种自动控制、可重复编程的多用途机械手臂。可在至少三个或三个以上的轴进行编程。轴既可固定也可移动，用于工业自动化应用。[③] 工业机器人按机械结构可分为：笛卡尔机器人、SCARA 机器人（用于装配作业的机器人手臂，Selective Compliance Assembly Robot Arm）、铰接式机器人、平行/三角机器人、圆柱形机器人。

---

① ISO 8373：2012 Robots and Robotic devicel-Vocabulary，Article 2. 6（https：//www. iso. org/obp/ui/# iso：std：iso：8373：ed - 2：v1：en：term：4. 3）.

② Industrial Robots，FIR（https：//ifr. org/industrial-robots）.

③ ISO 8373：2012 Robots and Robotic devicel-Vocabulary，Article 2. 9（https：//www. iso. org/obp/ui/# iso：std：iso：8373：ed - 2：v1：en：term：4. 3）.

表 5－3　　工业机器人分类

机器人种类	特点
笛卡尔机器人	机器人的手臂有三个移动关节，其坐标轴与笛卡尔坐标系相关
SCARA 机器人	有两个平行的旋转关节，在一个平面上提供顺应性
铰接式机器人	手臂上至少有三个转动关节的机器人
平行/三角机器人	手臂有并行的移动关节或旋转关节
圆柱形机器人	轴形成圆柱坐标系

资料来源：Industrial Robots，IFR（https：//ifr. org/industrial-robots）。

服务机器人是可完成对人类有用的任务的机器人，或非工业自动化的应用设备。工业自动化应用包括但不限于制造、检测、包装和组装。① 细分为个人服务机器人和专业服务机器人。个人服务机器人是“用于非商业任务的服务机器人，通常由外行人使用”。专业服务机器人是“服务”用于商业任务的机器人，通常由受过适当训练的操作员操作。

由于某些机器人既可以用于个人也可以用于商业，有时候难以区分。为了更加明确，国际机器人联合会（IFR）将服务机器人定义为消费机器人和专业服务机器人两类。② 消费型机器人不需要专业培训，既不需要安装，也不需要操作，它们是为外行人准备，如家庭清洁机器人、自动轮椅和社交机器人等，主要有家庭任务（AC1）、社会互动和教育（AC2）以及在家护理（AC3）三个应用群体。专业服务机器人需要经过专业培训的操作员，如用于公共场所的清洁机器人、配送机器人、消防机器人；用于医院的康复机器人和手术机器人等。

① ISO 8373：2012 Robots and Robotic devicel-Vocabulary，Article 2. 10（https：//www. iso. org/obp/ui/#iso：std：iso：8373：ed－2：v1：en：term：4. 3）.

② Industrial Robots，IFR（https：//ifr. org/industrial-robots）.

表 5－4　　国际机器人协会关于消费机器人分类

应用	描述
AC 消费机器人	供所有人使用的机器人，不需要接受培训
AC1 家务机器人 AC11 家用地板清洁（室内） AC12 家用窗户清洁 AC13 园艺 AC14 家用清洁室外 AC19 其他任务	机器人家务相关任务 对地板进行干湿清洁，例如吸尘和擦拭 擦窗户 园艺任务，如修剪草坪 家庭周围的户外清洁工作，例如：清理游泳池、打扫院子 其他任务
AC2 社会互动和教育 AC21 社会互动、同伴 AC22 教育	具有社交功能的机器人，儿童和学生教育机器人 机器人的主要用途是在家里与用户互动和娱乐用户 专门为教育儿童或学生而设计的机器人
AC3 在家护理 AC31 移动助理 AC32 操纵辅助设备 AC39 其他护理机器人	帮助在家中或居家环境中（如养老院）需要照顾的人（如老年人或残疾人）的机器人 机器人轮椅、机器人滚轮/步行者、为行走残疾的外骨骼。包括机械设备 机器人支持老年人或残疾人操纵他们的环境（如膳食援助机器人，安装在轮椅上的操纵器）。包括机械设备 不适合 AC31 或 AC32 的家庭护理机器人。包括机器人设备
AC9 其他消费机器人 AC99 其他消费机器人	不属于上述任何一类的消费机器人 不属于上述任何一类的消费机器人

表 5－5　　国际机器人协会关于专业服务机器人分类

应用	描述
AP 专业服务机器人	拟供训练有素的专业人员使用的机器人
AP1 家务机器人	用于农业和农业应用的机器人
AP2 专业清洁	用于专业清洁应用的机器人
AP3 检查和维护	检修用机器人设备
AP4 施工和拆除	建筑和拆除用机器人
AP5 运输和物流	用于货物或货物运输和其他物流功能的移动机器人
AP6 医疗机器人	医疗应用中的机器人
AP7 搜救、安全	紧急情况下的机器人
AP8 接待机器人	与客人或访客互动的机器人
AP9 其他专业服务机器人	不适合上述任何一个类别的机器人

（3）中国机器人分类

根据《机器人分类》标准，机器人可分为工业机器人、个人/家用服务机器人、公共服务机器人、特种机器人和其他应用领域机器人。

工业机器人为自动控制的、可重复编程、多用途的操作机，可对三个或三个以上轴进行编程，它可以是固定式或移动式。在工业自动化中使用。工业机器人包括操作机，含制动器，也包括控制器，含示教盒和某些通信接口（硬件和软件），还包括某些集成的附加轴。

个人/家用服务机器人是在家居环境或类似环境下使用的，以满足使用者生活需求为目的的服务机器人。这种机器人的操作使用，通常不需要专业知识或技能，不需要特别的培训或资质。

公共服务机器人指住宿、餐饮、金融、清洁、物流、教育、文化和娱乐等领域的公共场合为人类提供一般服务的商用机器人。

特种机器人是指应用于专业领域，一般由经过专门培训的人员操作或使用的，辅助和/或替代人执行任务的机器人。

其他应用领域机器人指的是不属于以上几种的。

表5-6　**中国机器人分类**（GB/T 39405-2020，2021）

应用	类型或描述
工业机器人	焊接机器人 搬运机器人 装配机器人 码垛机器人 喷涂机器人
个人/家用服务机器人	家务机器人 教育机器人 娱乐机器人 养老助残机器人 家用安监机器人 个人运输机器人

续表

应用	类型或描述
公共服务机器人	餐饮机器人 讲解导引机器人 多媒体机器人 公共游乐机器人 公共代步机器人
特种机器人	检查维护机器人 医用服务机器人 专业检测机器人 搜救机器人 专业安防机器人 建拆机器人 国防机器人 采掘机器人
其他应用领域机器人	不适合上述任何一个类别的机器人

（三）机器人产业规模

1. 全球机器人产业规模巨大

根据世界机器人协会报告显示，2021 年全球机器人市场规模预计达到 335.8 亿美元，2016—2021 年的平均增长率约为 11.5%。其中工业机器人 144.9 亿元，服务型机器人 125.2 亿美元，特种机器人 65.7 亿美元。从机器人市场结构来看，全球工业机器人、服务机器人、特种机器人份额依次减少，工业机器人和服务机器人份额基本持平，分别为 43% 和 37%。预计到 2023 年，全球市场规模将达到 589 亿美元。①

2016 年以来，全球工业机器人销售数量和销售额持续处于高位。受新冠疫情影响释放了市场空间，2021 年达到 48.68 万台，比 2020 年增长 27%，销售额增长率达到 5.1%。从行业来看，去年主要增长动力是电子行业，增长幅度为 21%，达到

① Industrial Robots，IFR（https：//ifr. org/industrial-robots）.

13.2 万台，紧跟其后的是汽车行业、金属和机械行业、塑料和化学行业、食品和饮料业，均超过 1 万台。

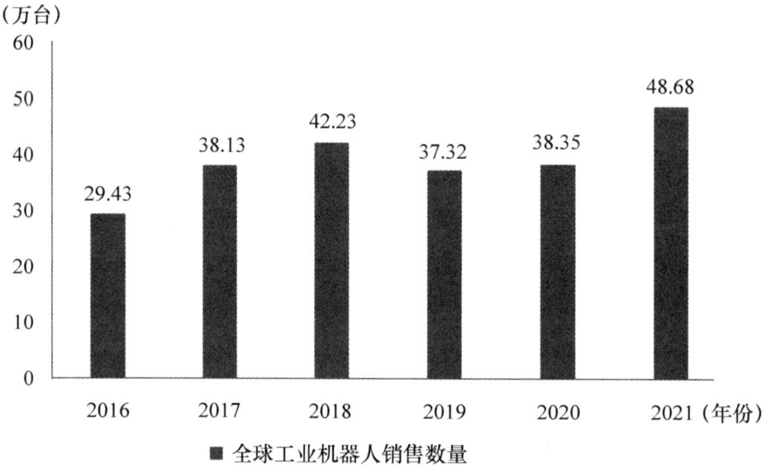

图 5-4　2016—2021 年全球工业机器人销售量

资料来源：IFR。

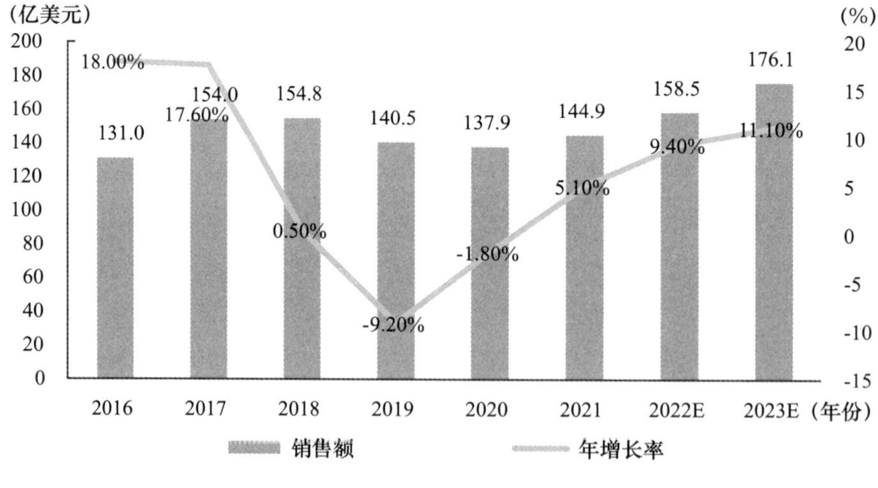

图 5-5　2016—2023 年全球工业机器人销售额及增长

资料来源：IFR。

2016 年以来，全球服务机器人的市场规模年均增速达 23.8%，2021 年预计达到 125.2 亿美元，其中家用服务机器人、医疗服务机器人和公共服务机器人市场规模预计分别为 82 亿美元、13 亿美元和 31 亿美元，其中家用机器人占比最高约为 65%。到 2023 年，全球服务机器人有望突破 201 亿美元，上下游相关产业市场规模也将同步增长。

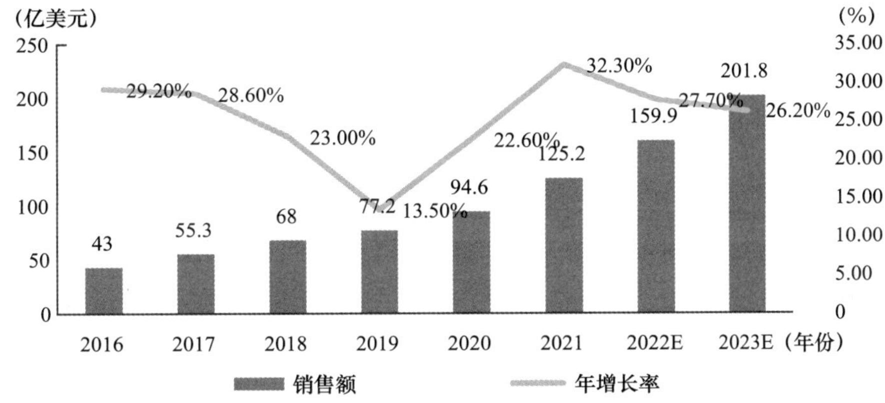

图 5－6　2016—2023 年全球服务机器人销售额及增长

资料来源：IFR。

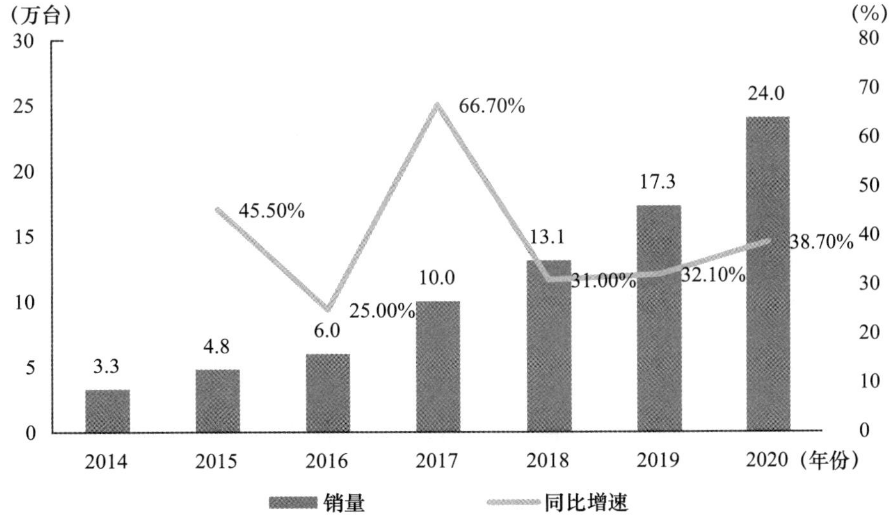

图 5－7　2014—2020 年全球专业服务机器人销售量

资料来源：IFR。

2. 中国机器人产业占全球重要比重且增速迅猛

（1）中国机器人产业的总体规模

根据中国电子学会发布的《中国机器人产业发展报告（2021年）》，2021年我国机器人市场规模约839亿元，其中工业机器人市场规模约为445.7亿元，占53.1%；服务机器人市场规模约393.3亿元，占46.9%。在服务机器人市场中，公共服务机器人及个人、家用服务机器人的市场规模估计达302.6亿元，占总市场规模的36.1%；特种机器人市场规模约为90.7亿元，占总市场规模的10.8%。[①] 从最新统计来看，2021年，中国机器人市场规模占全球的37%，由于中国的行业增速快于全球的增速，预计未来这一比例有望进一步提升。在无人机、扫地机器人、配送机器人等发展较成熟的子行业中，中国已经培育出一批全球领先的企业。

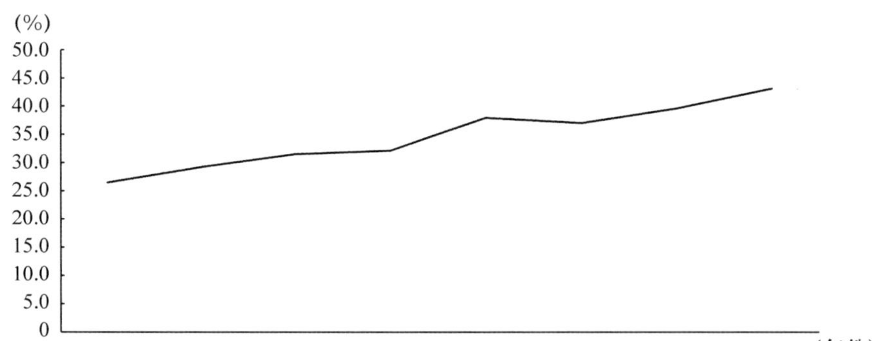

图5-8 中国机器人行业规模约占全球份额

资料来源：中国电子学会（含预测）。

① 中国机器人产业发展报告编辑部：《中国机器人产业发展报告（2021年）》，2022年（http://www.cnki.com.cn/Article/CJFDTotal-JSFY202106004.htm）。

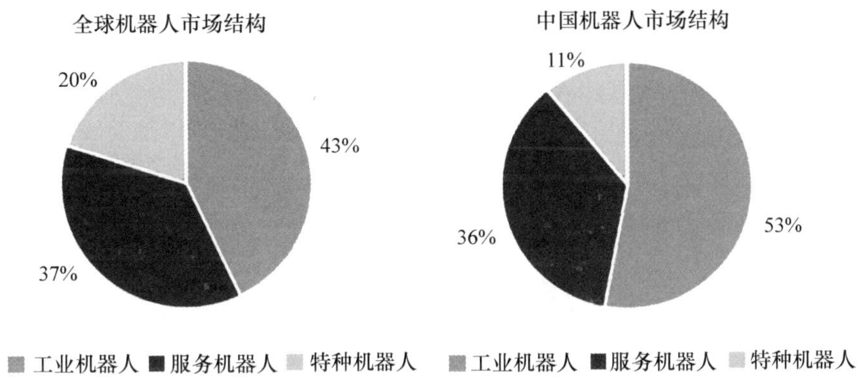

图 5－9 全球机器人及中国机器人市场结构对比

（2）中国是全球工业机器人第一大市场

在国内，工业机器人市场份额占绝对优势。根据国家统计局数据，2021 年全国工业机器人产量达 36.6 万套，同比增长 44.9%，总体价值规模达到 706 亿元，形成了埃斯顿、汇川技术、绿的谐波等龙头企业。随着国内下游制造领域的智能化和数字化升级，工业机器人市场规模前景乐观。中国工业机器人市场规模近 5 年的年均复合增速超 12%，现已成为全球第一大工业机器人应用市场。《“十四五”机器人产业发展规划》指出，2020 年制造业机器人密度达到 246 台/万人，是全球平均水平的近 2 倍。① 机器人的需求主要来自制造业的自动化需求，对应的产品是工业机器人。汽车和电子两大行业贡献了 60% 以上的工业机器人需求，金属制品也是工业机器人的主要应用领域之一。随着企业数字化、智能化升级加速，机器人市场规模稳定增加，预计 2023 年市场规模将超过 589 亿元。

① 《十五部门关于印发〈“十四五”机器人产业发展规划〉的通知》（http://www.gov.cn/zhengce/zhengceku/2021-12/28/content_566 4988.htm）。

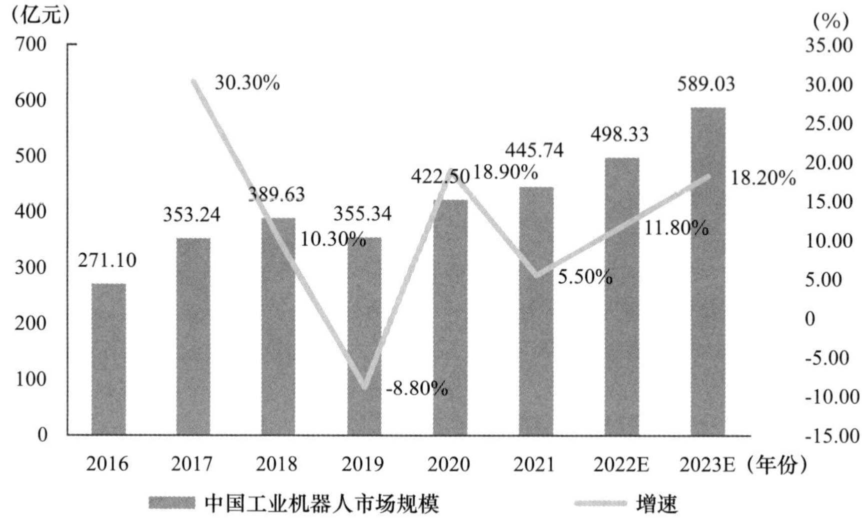

图 5-10 2016—2023 年中国工业机器人市场规模

资料来源：Wind。

（3）中国服务机器人增速迅猛

2016—2021 年中国服务机器人的年均复合增速达 34.0%，增速高于工业机器人。公共服务机器人及个人、家用服务机器人的市场规模估计达 302.6 亿元，占总市场规模的 36.1%；特种机器人市场规模约为 90.7 亿元，占总市场规模的 10.8%。近年来人工智能获得迅速的发展，长期来看，随着消费升级，服务机器人市场空间更加巨大。

3. 中国机器人产业的行业和区域分布

根据马克数据网提供的中国各省 2006—2019 年每年的机器人装机总量数据①，绘制了如图 5-12 的各省市每年的机器人装机总量。广东省每年的装机总量位居全国首位，在 2019 年达到了约 15 万台的数量，江苏省和浙江省分列第二、三位，分别达

① 马克数据网：《全国分省—机器人安装密度原始 + 测算（2006—2019 年）》，2022 年（https://www.macrodatas.cn/article/1147466958）。

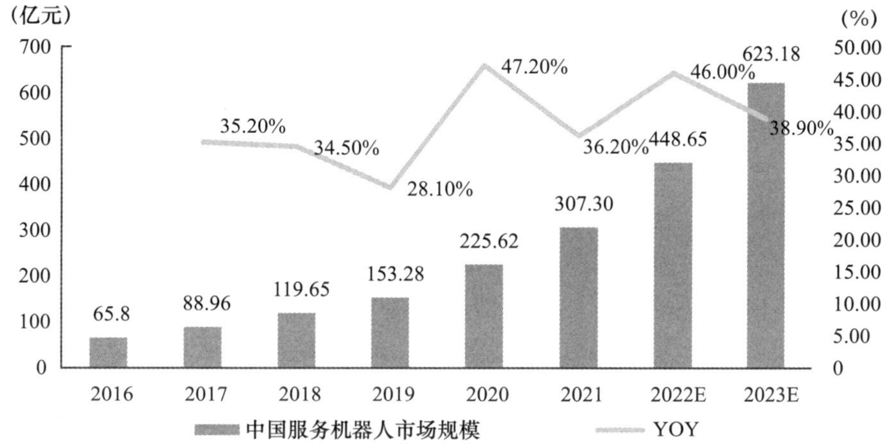

图 5 - 11　2016—2023 年中国服务机器人市场规模

资料来源：中国电子学会。

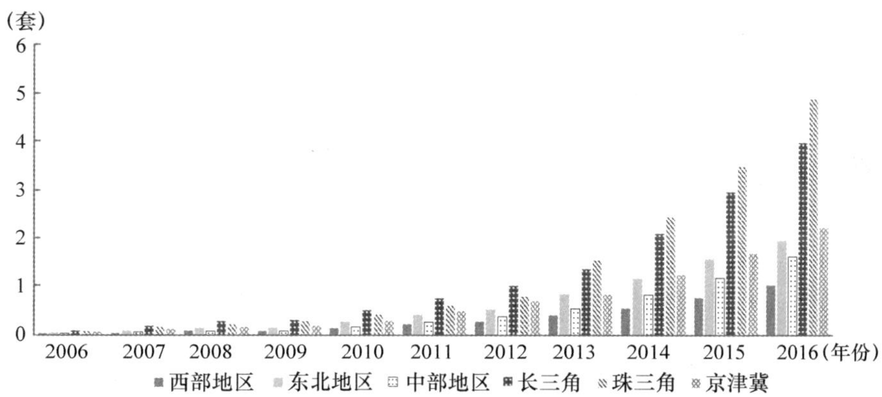

图 5 - 12　各区域 2006—2016 年每万人装机量

到了 8 万台和近 5 万台的数量。

由于受土地人口等限制，单拿出一个省市进行比较无法体现一个经济体区域在机器人装机方面的投资和发展。图 5 - 17 从区域的角度进行划分，分别展示了西部地区、东北地区、中部地区、长三角、珠三角和京津冀在 2006—2019 年每年机器人装机量。可以看出长三角和珠三角地区的每年装机量最多，西部地区和中部地区的增长尤为显著。图 5 - 12 展示了各个经济区域每年每万人所对应的装机量,① 鉴于数据的完整性，只展示了2006—2016年的变化。通过比较发现，虽然在2006年各个经济区域每万人装机量近乎在同一起跑线，但是经过10年的发展，珠三角地区已经达到每万人5台的装机量，长三角地区也达到每万人4台的装机量。图5-13展示了2006—2016年各经济区域的人口变化，可以看出，珠三角和长三角地区的装机量在常住人口净流入条件下，还保持快速增长，而东北地区的常住人口在2011—2016年处于净流出且情况并未好转，但是东北地区的人机比却并未显著增长。

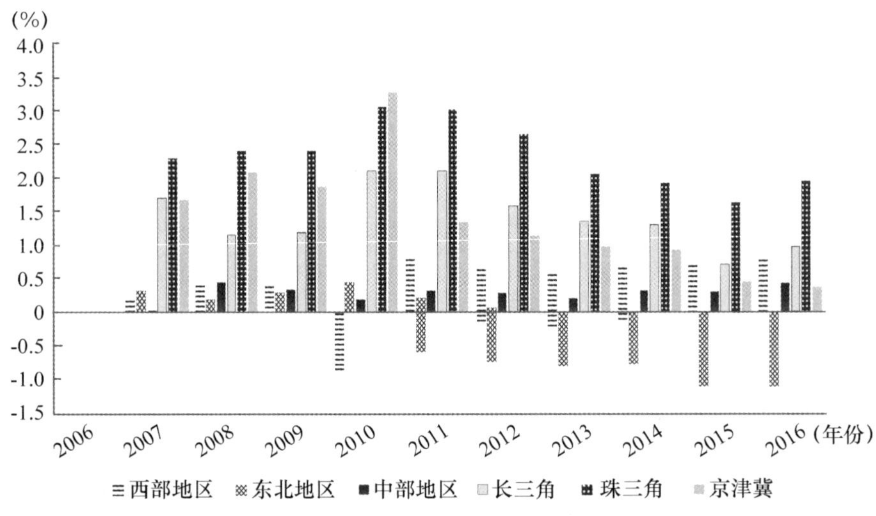

图5-13 各区域2006—2016年常住人口增长率

根据马克数据网提供的中国各行业2006—2019年每年的机器人装机量数据，绘制并比较了如图5-14、图5-15所示的各行业在2006年、2010年、2015年和2019年的机器人装机总量，从图中可以看出近年来电子电气和汽车制造行业的机器人装机量在总装机量里所占比重最大并逐年增加，到2019年已分别达到38.0%和40.6%。而化学品和塑料行业的机器人装机量从占

① 汇聚数据，城市数据查询平台（https://www.gotohui.com）。

行业 50% 的比率持续下降，到 2019 年已下降到占装机总量不足 10%，与一直缓慢增长的通用机器人相近。

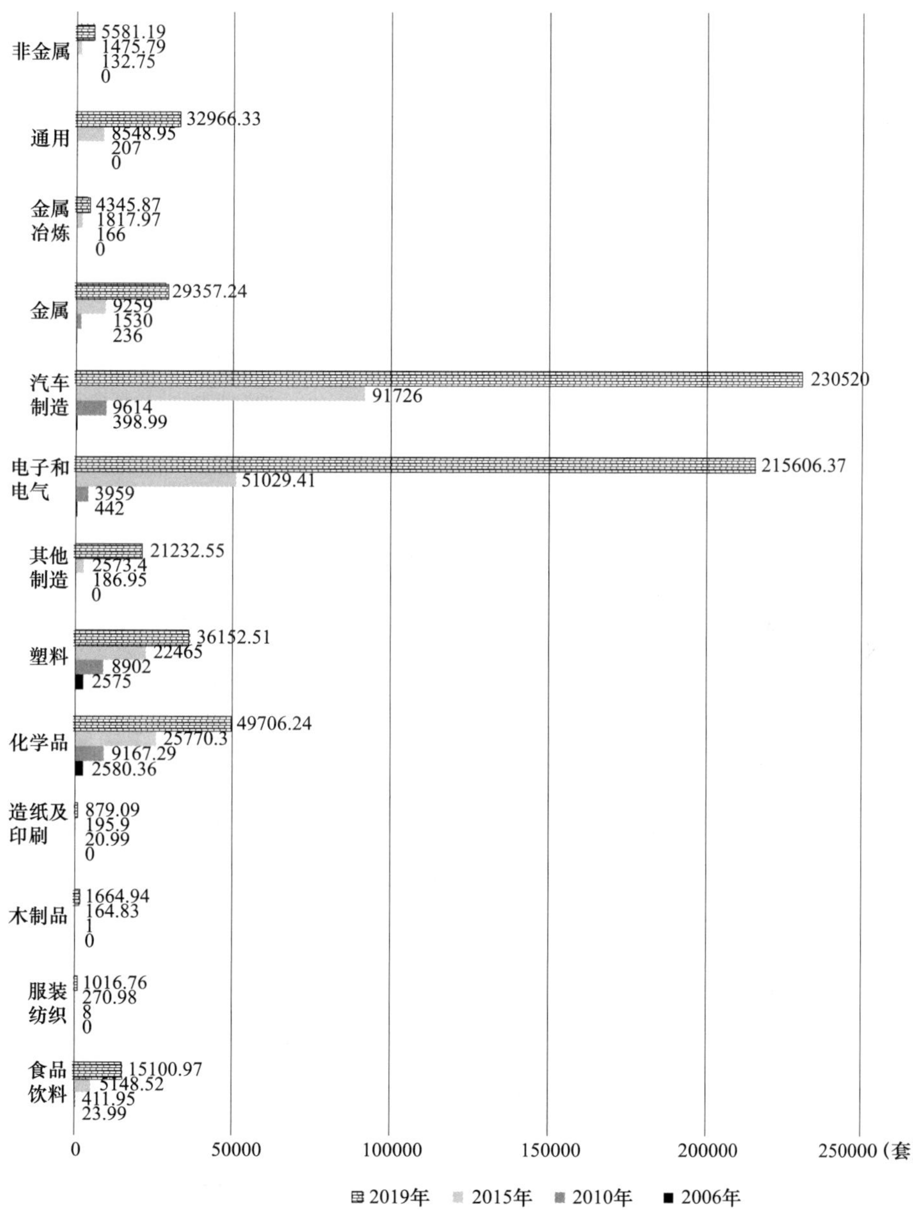

图 5－14 中国各行业 2006 年、2010 年、2015 年和 2019 年机器人装机总量

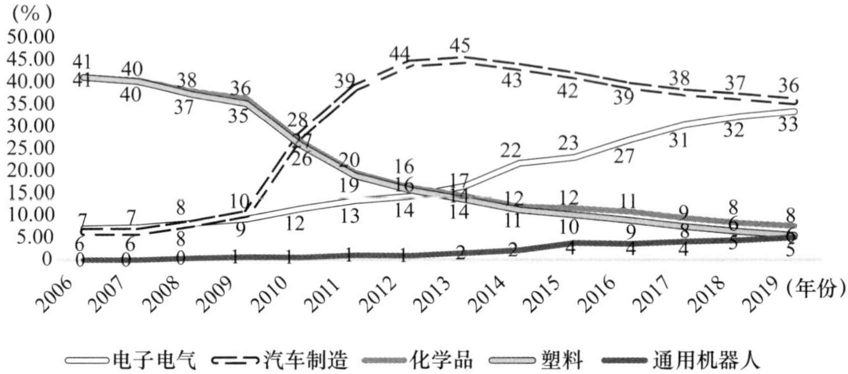

图 5 – 15　电子电气、汽车制造、化学品、塑料和通用机器人装机率

根据马克数据网提供的中国各省 2006—2019 年每年的机器人装机总量数据，着重绘制了如图 5 – 16 的各省市 2019 年的机器人装机总量，从图中可以看到广东省每年的装机总量位居全国首位，在 2019 年达到了约 15 万台的数量，江苏省和浙江省分列二三位，分别达到了 8 万台和近 5 万台的数量。由于受土地人口等限制，单拿出一个省市进行比较无法体现一个经济体区域在机器人装机方面的投资和发展。图 5 – 17 分别展示了西部地区（定义），东北地区，中部地区，长三角，珠三角和京津冀在 2006 年、2010 年、2015 年和 2019 年各年机器人装机总量，可以看出长三角和珠三角地区的每年装机量最多，西部地区和中部地区的增长尤为显著。

从行业上看，热门技术在机器人领域应用集中。如汽车行业正处在自动驾驶的风口中，机器人与自动驾驶汽车有很多相似之处，通过多模传感器对外界进行感知，内部芯片和操作系统对信息进行分析，创建感知环境，再通过路径规划和导航定位控制车辆以最优方式抵达目的地。因此我们可以大胆猜测，凭借相似的技术风口，自动化机器人的装机量和汽车产业拥有互相推动和促进的作用，以汽车产业作为支柱产业的区域，机器人装机量也会远远大于其他区域。由于资金具有集聚效应，

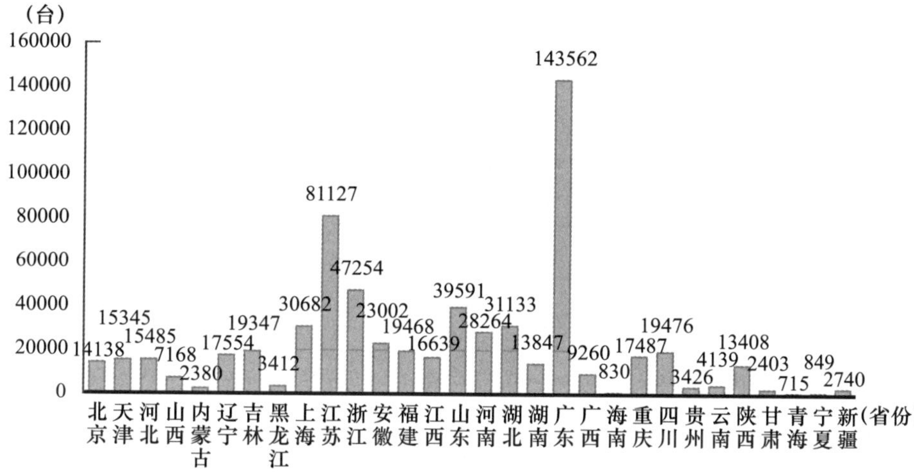

图 5-16 中国各省市 2019 年每年机器人装机总量

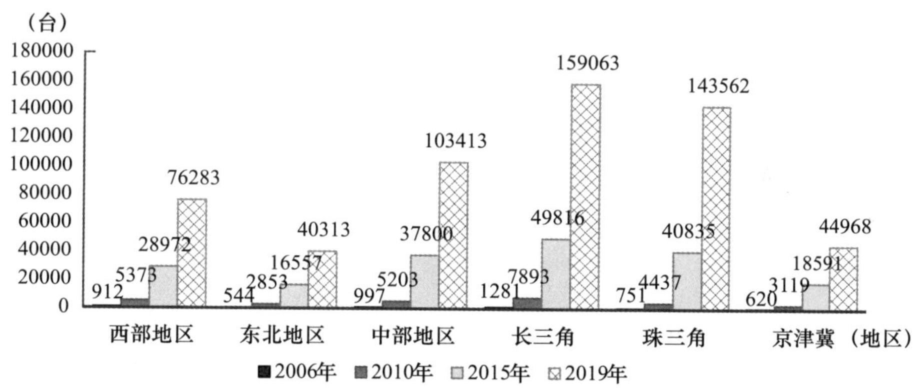

图 5-17 中国各经济区域 2006 年、2010 年、2015 年和 2019 年各年机器人装机总量

因此除风口产业外，诸如造纸、木制品、非金属等行业的机器人装机量持续低迷。这种差距随着时间的变化会进一步拉大。因此，各地区应该指定相关政策对具有当地特色的企业进行扶持，同时努力进行产业创新，产业升级，并逐步向高端机器人市场发展。

结合地区和行业的装机量分析，我们可以得出以下结论：首先，通过区域化比较可以看出，长三角地区的机器人装机总量在中国位列第一，这是由于长三角地区，拥有丰富的技术、人才、资金、信息等产业资源支撑，尤其是形成了以上海和昆山为核心的机器人产业基地。其次，长三角地区以汽车制造和电子电气为支柱性产业，产业内需要大量工业机器人参与生产制造，例如焊接机器人、喷涂机器人、装配机器人等，随着近年来汽车制造和电子电气行业的蓬勃发展，工业机器人需求量大幅增长。最后，长三角地区具备完整的上下游产业链，这得益于长三角的汽车制造产业链的完整，因此也带动了相关产业的发展。

珠三角地区主要以家电制造、3C 制造、陶瓷生产等劳动密集型产业为主，由于相关劳动密集型产业发展早，再加上近年来政府大力推动粤港澳大湾区一体化，进行相关产业整合，使得珠三角地区的自动化机器人需求量每年大幅增长。与此同时，由于珠三角地区大力推行人才落户政策，对高科技人才的吸引起到了极大的作用，而高科技人才又对高科技制造业起到了推波助澜的作用。

京津冀地区由于高精尖企业的陆续进入，可以清楚地看出京津冀地区每万人装机量逐年稳步增长。同时，相较于其他地区，京津冀地区的政策更为开放，大力推进北京国际科技创新中心的地位，积极举办国际大型行业盛会，积极展开“机器人 +”计划等。当然，也得益于北京地区优质高校众多，为企业提供了优秀人才，使得一批有代表性的企业纷纷入驻北京或建立分部，如小米汽车、九号公司、京东科技等。

东北地区，人才流失极为严重，近几年来一直是人口净流出，从侧面体现出对人才吸引力的不足。另外，东北地区的龙头机器人企业虽然注册地在东北，但是许多研发机构并不在东北。例如新松公司，以最近的招聘信息来看，北京和上海的职位占据了主导地位。但是，东北地区的工业基础雄厚，拥有如沈飞、一汽集团等研发生产制造一体化的大型企业，同时也拥有哈工大、大连理工等以理工科为主的科研院校。因此，东北地区如果能通过政策吸引人才扶持高精企业，对传统大型企业进行引导，在自动化机器人方面的发展将会极具潜力。

中部地区的机器人企业总数超过 1000 家，但是中部地区省份众多，因此每万人装机量不及东北地区，但是中部地区通过打造合肥新能源汽车之都，吸引了包括理想、威马、大众等企业在此投资建厂，并努力形成新能源汽车生产产业链，芜湖和湘潭等地也拥有诸如奇瑞、吉利等企业的汽车生产线，对工业机器人需求量巨大。但是，中部地区的机器人企业龙头较少，研发力量弱，无法有力形成研发制造一体化产业链。通过打造区域性产业聚集型城市，将会在未来吸引大量相关企业，形成具有自身特色的产业链，从而推动机器人产业的发展。

西部地区通过引进外部企业，依托自身工业基础，形成了以重庆、成都、西安等城市为中心的发展模式。相较于其他地区，西部地区起步较晚，但是充分借鉴和吸引了国内外优秀机器人企业进行投资建厂，并逐步发展地区性产业链，形成由点到链的带动作用。

六　机器人是新技术投资领域的热土

（一）机器人投资火爆的经济学背景

正如20世纪70年代的日本一样，现阶段中国也存在着劳动力短缺、成本上升等诸多问题，两者之间惊人的相似。而正是这些相似的因素，赋予了中国工业机器人产业无限的潜力。

中国经济自改革开放以来便走上了快车道。1979—2013年，中国GDP平均增长率为9.8%，而世界同期仅为2.8%。近年来，中国的经济增速相比之前有所减缓，但仍然保持着较高增长速度，2019年中国GDP增速达到7.31%，2020年受新冠疫情影响增速降至2.74%。在经济保持高增长的时期，中国的制造业劳动力相对短缺的问题逐渐开始显露。持续上涨的老龄化比例与长期较低的人口增长率意味着国内劳动力短缺的问题将会进一步加剧（见图6－1）。

制造业从业人数占比出现了下滑趋势。在国内劳动力供给出现短缺的前提下，制造业同时还面临着另一难题，即教育水平的提升使得新生劳动力不愿意进入制造业，因为制造业“脏、累、钱少”。因此，虽然制造业平均工资水平不断提升，制造业从业人数的比例还是开始出现了下滑（见图6－2）。

当GDP高速增长碰到劳动力短缺的问题时，工业机器人是最佳解决方案。工业机器人在简单重复、重量大和环境恶劣的

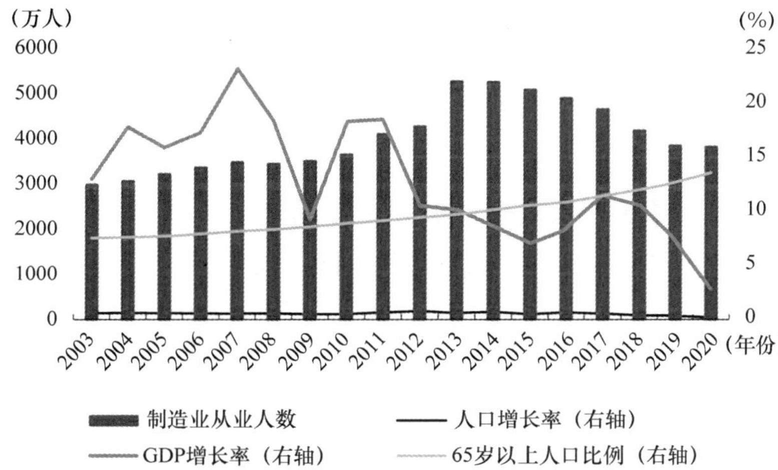

图 6－1　2003—2020 年中国经济增长与人口就业的关系

资料来源：国家统计局。

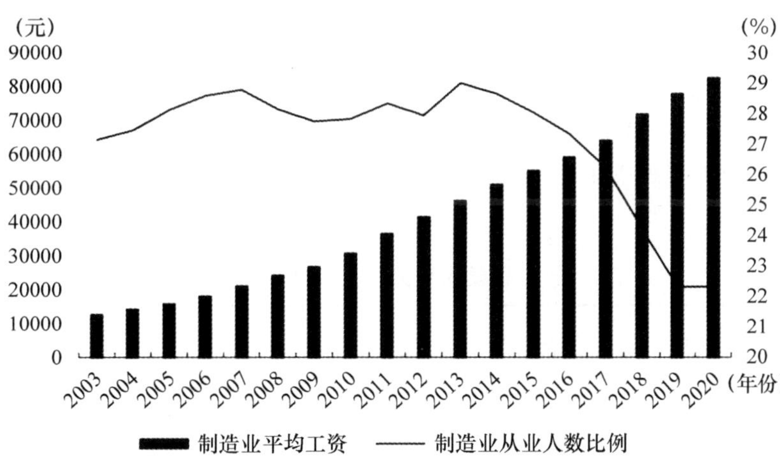

图 6－2　2003—2020 年中国制造业平均工资、从业人数占比

资料来源：国家统计局。

工作环境下相比人来说更有效率。而且，数控技术、感应能力等技术的进步，使得工业机器人“换人”的效率越来越高。如今，工业机器人不仅可以做到“换人”，且能比人更快更好地完成生产任务。我国所处的高经济增长、低劳动力供给的环境，给工业机器人的发展提供了完美的平台。

（二）机器人领域产业政策扶持

近年来，中央层面出台多项政策鼓励工业机器人的发展。《中国制造 2025》打响了制造升级的第一枪，其中指出到 2025 年国产工业机器人的市占率达到 70%，核心零部件国产化率 80%。随后国家又颁布多个相关政策，为工业机器人的发展指明道路。中央层面明确的政策，为工业机器人行业的发展增添信心、坚定目标（见表 6－1）。

各地政府对工业机器人进行积极扶持。广东省在“工业与信息化发展专项资金”中安排工业机器人发展专题资金，并给予一定比例的采购价格补贴；深圳市政府每年出资 5 亿元专项资金，补助工业机器人等智能产业；东莞市政府给予企业购买国产工业机器人 15% 的补助，镇一级还有 20%—50% 不等的配套补贴；浙江省财政已累计安排近 6 亿资金支持“机器换人”技术改造，出台工业机器人购置奖励补贴政策，购置工业机器人按价格 10% 补贴。

表 6－1 机器人相关产业政策

时间	文件	具体内容
2015 年 5 月 19 日	《中国制造 2025》	2020 年自主品牌工业机器人市场占有率达到 50%，关键零部件国产化率 50%；2025 年国内市场占有率达到 70%，关键零部件国产化率 80%
2016 年 4 月 27 日	《机器人产业发展规划（2016—2020 年）》	关键零部件实现重大突破；自主品牌年产量达到 10 万台；机器人密度达到 150 以上
2016 年 12 月 16 日	《关于推进工业机器人产业发展的指导意见》	加强零部件等关键短板突破；开拓工业机器人应用市场；推进服务机器人试点示范

续表

时间	文件	具体内容
2017 年 7 月 8 日	《新一代人工智能发展规划》	攻克智能机器人核心零部件、专用传感器，完善智能机器人硬件接口标准、软件接口协议标准以及安全使用标准
2017 年 11 月 27 日	《国务院关于深化"互联网 + 先进制造业"发展工业互联网的指导意见》	围绕数控机床、工业机器人、大型动力装备等关键领域，实现智能控制、智能传感、工业级芯片与网络通信模块的集成创新，形成一系列具备联网、计算、优化功能的新型智能装备
2018 年 4 月 4 日	财政部、税务总局《关于调整增值税税率的通知》	将制造业的增值税税率从 17% 降至 16%；对先进制造业未抵扣完的进项额予以一次性退还
2019 年 11 月 8 日	《产业结构调整指导目录（2019 年本)》	重点鼓励发展人机协作机器人、双臂机器人、弧焊机器人、重载 AGV、专用检测与装配机器人集成系统等产品，以满足我国量大面广制造业转型升级的需求
2019 年 12 月 1 日	《长江三角洲区域一体化发展规划纲要》	加快发展新能源、智能汽车、新一代移动通信产业，延伸机器人、集成电路产业链，培育一批具有国际竞争力的龙头企业
2020 年 4 月 8 日	《关于促进快递业与制造业深度融合发展的意见》	支持制造企业联合快递企业研发智能物流机器人等技术装备，加快推进制造业物流技术装备智慧化
2021 年 3 月 13 日	《中华人民共和国国民经济和社会发展第十四个五年规划和 2035 年远景目标纲要》	深入实施智能制造和绿色制造工程，发展服务型制造新模式，推动制造业高端化智能化绿色化。推动机器人等产业创新发展
2020 年 5 月 22 日	《关于 2019 年国民经济和社会发展计划执行情况与 2020 年国民经济和社会发展计划的决议》	加快智能制造、无人配送、医疗健康、机器人等新兴产业发展

续表

时间	文件	具体内容
2020 年 12 月 14 日	《国务院办公厅关于促进养老托育服务健康发展的意见》	推进智能服务机器人后发赶超，启动康复辅助器具应用推广工程，实施智慧老龄化技术推广应用工程，构建安全便捷的智能化养老基础设施体系
2021 年 3 月 13 日	《中华人民共和国国民经济和社会发展第十四个五年规划和 2035 年远景目标纲要》	加强矿山深部开采与重大灾害防治等领域先进技术装备创新应用，推进危险岗位机器人替代
2021 年 6 月 4 日	《关于推动公立医院高质量发展的意见》	推动手术机器人等智能医疗设备和智能辅助诊疗系统研发与应用
2021 年 12 月 21 日	《“十四五”智能制造发展规划》	研发智能立/卧式五轴加工中心、车铣复合加工中心、高精度数控磨床等工作母机；智能焊接机器人、智能移动机器人、半导体（洁净）机器人等工业机器人；激光/电子束高效选区熔化装备、激光选区烧结成形装备等增材制造备
2021 年 12 月 21 日	《“十四五”机器人产业发展规划》	到 2025 年，机器人产业营业收入年均增速超过 20%。形成一批具有国际竞争力的领军企业及一大批创新能力强、成长性好的专精特新“小巨人”企业，建成 3—5 个有国际影响力的产业集群。制造业机器人密度实现翻番

资料来源：邓洲：《工业机器人发展及其对就业影响》，《地方财政研究》2016 年第 6 期。

（三）机器人领域的投融资现状与前景

1. 机器人领域投资火热

根据数据统计，2012—2021 年，中国机器人行业投融资事件总计2651起，融资总额超千亿元。① 2021年国内机器人投融资事件291起，同比增长40.6%，其中超过1.5亿元的项目有60起，占已披露项目总数的31.4%。从所属的细分赛道来看，2021年工业机器人投融资项目占比从2020年的23.4%上升至28.6%。此外，公共服务机器人项目占比增幅最大，2021年公共服务机器人投融资事件占比从2020年的17.1%增长至24.5%，提升了7.4个百分点。

2022年1—5月，国内机器人投融资事件达到153起，同比增长24.4%。2022年以来资本市场的投入聚焦于仓储物流、自动驾驶、3D视觉、人工智能、手术/康复机器人、特种机器人、服务机器人等几个主要领域，投资机构将更倾向于有效降低劳动力成本、国产替代率高的项目，或是有新兴技术加持、致力于推动生产及服务的智能化改造的创新型企业。

（1）一、二级市场投资热度不减

从分级市场来看，一级市场在2014—2018年，机器人行业的融资项目数量快速增长。2019—2021年，虽然融资项目数量出现下降，但融资金额持续上升，单个项目平均融资额增长明显。2022年上半年，虽然一级市场整体热度下降，但机器人板块的投融资仍然活跃，尤其是协作机器人和机器视觉赛道。二级市场方面，自疫情以来，在“机器换人”和“国产替代”浪潮的催化下，机器人板块整体进入高景气阶段。在特斯拉机器人事件的催化下，机器人板块开启新一轮上涨趋势。

（2）投资向头部企业集中

机器人投资领域，资金向头部项目集中趋势明显。越疆、

① 数据来自《2022年中国机器人产业图谱及云上发展研究报告》（以下简称“报告”），报告在中国机器人产业联盟、青岛市工业和信息化局的指导下，由阿里云加速器、行行查牵头撰写，协同元璟资本、璞跃中国、深创投创新投资研究院以及十多家明星机器人企业共同参与完成。

节卡、艾利特、遨博、珞石、镁加等头部企业在2015—2021年间获得多轮投资。被投资项目涉及医疗、仓储、教育、农业等多个领域。

2. 机器人领域的投资前景

2021年，全球机器人行业规模为336亿美元，5年复合年增长率为10.6%。根据波士顿咨询数据，预计到2030年，全球机器人市场规模最高将达到2600亿美元，十倍于2021年。机器人发展呈现了如下特点：一是市场需求方面。机器人的主要应用体现在替代人工、辅助人工和创造新领域三个方向。全球新冠疫情肆虐下，机器替代人工的需求进一步被激发，让社会看到了机器人的价值，为行业做了一次全面的市场教育。二是市场供给和技术应用方面。导航移动技术已经高度商业化，头部企业技术呈现平台化特征。目前的技术成熟度排序依次是导航移动、运动控制、感知交互。基于导航移动技术的扫地机器人、无人机已经每年有百万台级别的出货量；基于运动控制的工业机器人、协作机器人在快速成长中；基于感知交互的机器人产品由于技术限制，目前仍然难以完全满足用户的需求。三是行业催化方面。特斯拉入局人形机器人，推动人形机器人的商业化。人形机器人是机器人行业终极发展目标，目前常见的机器人都只是人形机器人的子集。过去，人形机器人还停留在实验室阶段，特斯拉入局有望推动行业从实验室阶段过渡到商业化阶段。从复合增速来看，全球工业机器人市场还会保持稳步增长，考虑新能源汽车，光伏等下游产业还在快速增长，结合过去的复合增长率，预计未来几年全球工业机器人将保持10%的复合增速。专业服务机器人随着智能物流，智能仓储的发展预计还将保持30%的复合增速，个人或家用服务机器人随着产品越来越人性化和价格降低，消费量还会逐步提升，预计未来几年保持15%的复合增速。特斯拉和小米集团纷纷推出人型仿生机器人，有望带来仿生机器人的蓬勃发展，参考特斯拉汽车的成长轨迹，预计出货量未来三年将保持高速成长，预计 2025 年将突破 100 万台。

2021 年，中国机器人行业规模 124 亿美元，5 年复合年增长率为 18.3%。中国机器人市场约占全球的 37%，中国在市场规模、产业链、产业环境等方面具备全球竞争优势。在无人机、扫地机器人、配送机器人、巡检机器人、AMR 等领域，中国已培育出全球领先企业。

（1）工业机器人的投资前景

人口老龄化加剧劳动力短缺，工业机器人密度仍有上升空间。世界机器人协会报告显示，2020 年国内工业机器人密度为 247 台/万人，按照工信部“十四五”规划预测，2025 年国内工业机器人密度将达到 500 台/万人，若国内人口变化不大，则国内工业机器人销量仍有翻倍空间。综合来看，根据移动工业机器人基金会（MIR）预测，到 2025 年国内工业机器人市场销量可达 43.2 万台，2021—2025 年复合年增长率为 13.9%。[①]

随着工业机器人应用场景逐步拓宽，在新能源汽车领域将迎来历史性机遇。根据测算，2022—2025 年新能源汽车行业工业机器人使用量分别为 10.2 万台、13.0 万台、17.1 万台和 23.3 万台，复合年增长率 32%。短期来看，全球新冠疫情负面影响和国际产品缺货给国产厂商带来发展机会。由于新能源汽车领域需求旺盛，部分客户会选择国产产品进行替代，国产厂商有望凭借强大的学习能力迅速迭代产品，逐步缩短与外资的技术差距；长期来看，该产业链的迅速发展有望改变机器人原有格局。长期来看，汽车行业是机器人使用量最大、对性能要求最高的应用场景，一直都是 FANUC、ABB、安川、爱普生四大家族的基本盘。新能源领域在迅速发展的背景下，有望替代

① Industrial Robots，IFR（https：//ifr.org/industrial-robots）.

传统汽车成为机器人最大应用领域。新能源汽车机器人对性能要求低于传统汽车用机器人，且更关注性价比。国产机器人在与四大家族的竞争中会获得更多的优势。

（2）服务机器人的投资前景

中国第三产业在 GDP 中的占比持续提升，2020 年已达到 53.9%，同时，第三产业吸纳了超过 47.7% 的就业人员，是第二产业的 1.7 倍。随着第三产业的崛起，清洁、物流、餐饮等服务行业的自动化需求有望拉动相应的服务机器人品类的需求。尤其是在高风险的服务型行业，比如医护、救援、消防等，机器替代人的需求更强。据波士顿咨询预测，到 2030 年服务机器人将占机器人总市场的 65%。服务机器人和特种机器人在仓储物流、教育娱乐、清洁服务、安防巡检、医疗康复等领域实现规模应用。①

目前，服务机器人在某些特定领域如扫地、引导、送餐等机器人技术已经较为成熟。随着应用领域的扩展，服务机器人正在向情感、教育、医疗等方向延伸。

扫地机器人是技术应用较早，产品和产业较为成熟的领域。回顾历史，全球扫地机器人发展经历了三个阶段。早在 1997 年，第一款量产的自动打扫机 Electrolux Trilobite 问世，当时采用的是陀螺仪为导航进行的随机式清扫方式；2010 年后，以激光雷达为代表的局部规划式扫地机器人陆续问世；2016 年，以机器视觉为导航的定位系统开始应用在扫地机器人领域，扫地机器人市场份额快速扩张。目前，扫地机器人产品已经实现了商业化落地，全球市场进入了竞速期，其产品价格出现了明显下降，从 1997 年的 1700 美元到现在约 1500—3000 元人民币。

① 波士顿咨询公司：《用机器人流程自动化和人工智能驱动服务型经济》（http：//www.rpa-pdf.oss-cn-hangzhou.aliyuncs.com/BCG：用 RPA 和 AI 驱动服务型经济.pdf）。

扫地机器人全球的代表厂商为 Irobot、Shark、Neato。中国的扫地机器人市场近年来迅速增长，规模在 2022 年预计达到 147.6 亿元。目前，竞争格局较为稳定，代表公司有科沃斯、小米、石头科技等。

在目前的技术和市场条件下，服务机器人的发展还面临一些瓶颈。一是价格过高，消费市场难以接受。服务机器人具有消费类产品的属性，由于生产技术的限制，售价动辄数万甚至数十万，价格过高必然难以被大众广泛接受。即使 Tesla Bot 实现商业量产，其 16 万—30 万元的定价也是一道不低的门槛。二是机器人性价比不高，应用到商业领域从而获得盈利的模式有待推敲。服务机器人要走进商务场景，如果只是应用于家务、陪伴、教育、接待等方面，以其目前所能提供的服务水平，很难实现经济性。如果考虑租赁等方式，需要考虑的问题还有很多。① 三是技术水平不够，难以完成复杂的服务应用。服务机器人对互动性、灵活性、应对复杂场景的能力等要求更高，需要其具备更高的感知能力与智能化。现有机器人受成本预算与技术水平等因素的限制多处于功能简单、初步智能的水平。四是隐私保护和数据安全存在隐患。服务机器人在交互和数据处理上的技术复杂。在人机交互过程中机器人会持续收集用户以及环境的图像、声音、行为等数据信息，这些信息有的在本地处理，有的在云端处理，在诸多环节上涉及高标准的隐私保护和数据安全保障。

（3）机器人行业的投资风险提示

整体来看，机器人行业的预期向好，但行业存在的风险也不容忽视。

需求端——机器人应用场景需求有低于预期的风险。

---

① 国金证券：《机器人行业深度研究：机器人新纪元开启，Tesla Bot 带来新猜想》（http：//www. hibor. com. cn/repinfodetail_ 1755628. html）。

机器人企业需要持续挖掘具有潜力的应用场景，清洁、无人机航拍、巡检、室内配送等场景的潜力已经被验证。但室外配送、家庭娱乐、儿童教育等应用场景的市场潜力尚待验证，毕竟这些应用场景有更多的情感需求包含在内。目前此类产品大都处于市场探索和验证阶段，需要跟踪验证其所创造的新需求是否是真实的需求。

供给端——机器人技术进步速度有低于预期的风险。

机器人行业的发展驱动力是“技术推动需求”。机器人的智能性提升依靠导航移动、运动控制、感知交互等技术的发展。而运动控制和人工智能是人形机器人技术落地的核心难点。一方面，要使人形机器人像人一样运动，并按要求执行任务，开发者需要设计合理高效的机械结构（骨骼），根据各部位运动需求构建执行精度高的驱动系统（肌肉），并开发具有高稳定性和适应性的控制系统（神经系统）；同时基础层面的材料、芯片、能源系统、零部件等也需要持续提质和创新。另一方面，要赋予人形机器人一定的自主完成任务的能力，即实现一定程度的认知和决策智能，尚需要人工智能软硬件（大脑）的高度发展，这条道路还很长。

行业催化——人形机器人行业发展速度有低于预期的风险。

人形机器人是目前市场的热点。人形机器人技术难度大，目前市场上尚未有大规模商业化的产品。存在成本过高，限制量产的风险。

产业环境——存在政府政策、资本市场、全球局势等变化的风险。①

机器人行业处在成长期，若政府政策、资本市场环境、全球局势等产业环境因素发生变化则对其产生较大的影响。

---

① 平安证券：《人形机器人产业链投资机遇：人形机器人，蓄势待发，部件先行》（http：//www. hywdb. com/100133. html）。

（四）机器人领域的投资方向

近年来，以传统制造业为中心，各行各业都掀起了一股"人机协作"狂潮。"机器人革命"在全世界范围内掀起热潮，正在成为"第四次工业革命"的切入点和增长点，是未来极具潜力的投资领域。目前，机器人零部件仍被国外几大厂商垄断，国产化率仍占比很小，发展空间广阔。[①] 政策方面，国家积极鼓励机器人及相关产业发展。"十三五"规划便明确提出要攻克核心部件共性技术，实现工业机器人核心部件的技术突破和产业化。《中国制造 2025》明确提出任务指标，2020 年自主品牌工业机器人市场占有率达到 50%，关键零部件国产化率 50%，2025 年国内市场占有率达到 70%，关键零部件国产化率 80%。机器人零部件的国产化的替代，也会带动国产芯片市占率的不断提高，给予国内 MCU 生产商巨大的机遇。

1. 从产业链、国产化、新品类三个方向挖掘投资机会

产业链方向。可从导航定位模块、运动控制模块、感知交互模块、机身结构、芯片、电池等挖掘投资机会。具体来说，导航定位包括摄像头、激光雷达、超声波传感器等技术和领域；运动控制包括控制器、伺服电机、减速器等；感知交互包括语音识别模块、视觉识别模块等部件和技术；机身结构主要是外壳材料、显示屏等领域；其他核心部件，包括芯片、电池等。

国产化方向。近年来，国内机器人行业得到了高速发展，

① 任宗强、陈淑娴：《人机协同创新：面向智能制造的创新新范式》，《清华管理评论》2021 年第 11 期。

政策持续利好，技术转化速度快，应用领域和场景多，市场发展空间广阔，拥有更多的投资空间。

新品类方向。在通用型人形机器人尚未大规模商业化之前，在各个细分领域，依然需要特定的机器人产品。具体可以关注清洁机器人、无人机、配送机器人、巡检机器人、自主移动机器人（AMR）、协作机器人、特种机器人等。

2. 从新品类、盈利预测和估值寻找投资目标公司

从投资的角度看，建议关注商业化更加成熟的品类。包括清洁机器人、无人机、配送机器人、巡检机器人、AMR、协作机器人、特种机器人等。主要领域的龙头企业如下。

无人机：大疆、极飞、亿航。

巡检机器人：亿嘉和、申昊科技、朗驰欣创。

协作机器人：越疆、遨博、艾利特、节卡、珞石。

配送机器人：九号公司、云迹科技、普渡科技、擎朗智能、钛米机器人。

物流机器人：极智嘉、快仓、海康机器人。

特种机器人：景业智能（核工业领域）、亿嘉和、高新兴。

从已经上市的企业看，目前机器人领域上市企业共7家，分别是绿的谐波、埃斯顿、亿嘉和、申昊科技、九号公司、科沃斯和石头科技。7家公司的主要经营领域见表6－2。

表6－2　　　　机器人领域核心公司和领域介绍

公司名称	经营领域
绿的谐波	国内谐波减速器龙头，目前在全球工业机器人谐波减速器市场的市占率约15%，持续抢占日系龙头的份额。人形机器人发展对谐波减速器的性价比要求更高，公司产品性价比优于日系龙头，有望在人形机器人中成为最重要的谐波减速器供应商

续表

公司名称	经营领域
埃斯顿	国内工业机器人龙头，目前在国内工业机器人市场市占率约 5%，份额快速提升中。公司在机器人本体、控制器、伺服、协作机器人等领域都有深入布局
亿嘉和	国内电力机器人龙头之一。公司正从单下游（电网）、单功能（巡检）的产品型公司，向多下游（电网/发电/轨交/商用）、多功能（巡检/操作/消防/充电）的平台型机器人公司转变
申昊科技	国内电力机器人龙头之一。公司以电力巡检机器人为基础，逐步推出电力操作机器人、轨交机器人等新产品
九号公司	全球化布局的智能短程移动设备龙头。公司从移动人（平衡车、滑板车、电动两轮车、全地形车）和移动物（配送机器人、割草机器人）两个维度，持续拓展业务边界
科沃斯	国内扫地机器人龙头，在全球的市占率约 15%，国内占 40%。凭借自主移动平台的技术积累，已推出多款新型家用机器人和商用机器人产品。同时，公司开始加大在机器人上游的激光雷达、电机、电池等领域的布局
石头科技	成功进行了全球化布局，领域为扫地机器人，已成功站稳海外高端市场。公司凭借优秀的技术研发基因，从机电、人工智能等多个维度，探索新的机器人产品

经对比测算和综合分析，这 7 家企业每股收益将继续上涨，市盈率将随之下降。具体测算情况如表 6 – 3 所示①：

① 基础公式：EPS = 盈余/总股本；PE = 股价/每股收益。这两个公式借助于 Eviews 软件处理进行测算，可测算出盈利预测及估值。

表 6－3　　核心公司盈利预测和估值　　（单位：元）

代码	公司	股价	每股收益（EPS）				市盈率（PE）			
			2021	2022E	2023E	2024E	2021	2022E	2023E	2024E
688017	绿的谐波	198.51	1.57	2.18	2.84	3.78	126	91	70	53
002747	埃斯顿	28.30	0.14	0.27	0.49	0.78	202	105	58	36
603666	亿嘉和	71.47	2.34	2.71	3.49	4.45	31	26	20	16
300853	申昊科技	29.24	1.23	1.57	2.04	2.58	24	19	14	11
689009	九号公司－WD	49.62	0.58	1.12	1.91	2.92	86	44	26	17
603486	科沃斯	92.51	3.50	5.03	7.32	9.77	26	18	13	9
688169	石头科技	326.16	15.00	19.06	24.70	31.97	22	17	13	10

3. 人形机器人领域值得关注

从发展趋势来看，人形机器人是空间更大的蓝海市场，硬件方面与工业机器人的减速机、电机、控制器等底层技术相通，软件方面与自动驾驶、视觉、语音识别等底层技术相通。人形机器人未来演化有望复刻汽车与手机的发展进程。人形机器人未来前景或出现“前期科技巨头领先，后期百花齐放”的格局。随着市场的发展，人形机器人的产业链日渐完善，中小厂商在软件、硬件、配套设备等领域逐步涌现。

目前国内人形机器人产业链仍处于萌芽阶段。国内唯一一家人形机器人公司是优必选。在 2016 年推出 Walker 原型机，已经过三次迭代。2021 年推出 Walker X，目前版本可进行弹琴、倒水、步态行走等，使用场景主要为 K12 教育、展览、前台等。但由于技术不成熟、使用场景有限、成本较高等因素，并未真正实现商业化。最近，特斯拉公布了 Tesla Bot 原型机开发计划，小米推出 Cyber One 原型机，但两家产品距离商业化应用尚有距离。不过，这些科技和硬件巨头的加入，将催化人形机器人的产业化进程。

七　机器人产业和技术的未来

（一）机器人将在更多的领域和场景获得应用

根据国际机器人联合会（IFR）发布的最新数据，2020 年中国、美国、韩国和德国等主要国家工业机器人年装机数量合计超过全球 72.9%。此外，全球制造业领域工业机器人使用密度已达到 113 台/万人，机器换人趋势特征日益明显。可以预见，机器人将在未来更多的领域和场景获得应用。

工业机器人是工业自动化的构成主体，工业自动化在很长时间仍是自动化应用领域的发展热点。国际机器人联合会（IFR）发布数据显示，受益于新冠疫情后经济有所恢复，叠加新能源汽车制造等市场需求快速上升，2021 年全球工业机器人销量创新高，达到 48.68 万台，比前一年增长 27%。全球新冠疫情的持续蔓延一定程度限制了下游应用市场需求，中国电子学会预计随着疫情得到控制，全球经济呈现复苏趋势，制造业自动化改造的推动，工业机器人将在电子、化工等各个工业领域之中迎来新的发展机遇。

随着人工智能和物联网技术的不断发展，叠加新冠疫情的影响，专业服务机器人的应用领域也在不断拓展，呈现较好的发展势头。新冠疫情期间，国际电气电子工程师协会评论指出，机器人已经成为新冠疫情防控不可或缺的“一线工作者”，在医院、办公室和城市发挥了关键作用。老龄化社会的到来将带来个人/家庭服务机器市场需求增大，劳动力短缺带来公共服务机器人市场需求以及企业对流程机器人价值的认可，使得服务机器人的发展迎来更多行业推广机会。从专用服务机器人的应用领域来看，2019 年物流机器人、公共环境机器人是前两大应用类型，其中物流机器人一直都是行业类的增长引擎，2019 年物流机器人销量达到 7.5 万台，占全球专用服务机器人销量的 43.35%。未来，机器人产业发展和应用领域前景光明。

（二）人工智能与机器人技术融合将擦出新火花

近年来，人工智能是学术研究的热门领域，人工智能领域的学者增加，人工智能研究成果数量上升。根据《斯坦福 AI 指数报告（2019）》数据，2012 年以来，参加人工智能会议的人数持续大幅增加，2019 年神经信息处理系统大会①参会人数比 2012 年增长 800%，达到 1.3 万人；从 1998 年到 2018 年同行评议的 AI 论文数量增长了 300% 以上，占发表论文的 9%，中国每年发表的人工智能期刊和论文数量与欧洲相当，超过 32% 的世界人工智能期刊引自东亚。2022 年刚刚结束的大会线上线下参与者共计 15530 人，共收到 9634 份论文投稿，其中 2905 篇被采用。②

在商业领域，企业致力于使用人工智能来扩展机器人的功能。人工智能为企业提供了新的机会，进而提高生产率，使工

① 神经信息处理大会（NeurIPS）是全球负有盛名的 AI 学术会议，也是每年学界的重要事件，通常在 11—12 月举办。大会内容包含深度学习、计算机视觉、大规模机器学习、学习理论、优化、稀疏理论等众多细分领域。

② 神经信息处理系统大会，NeurIPS 2002 Fact Sheet（https：//media. neurips. cc/Conferences/NeurIPS2022/NeurIPS_ 2022_ Fact_ Sheet. pdf）。

作更安全，并节省人类宝贵的时间。比如，通过使用AI机器人能够感知环境并做出反应，这大大增加了机器人可以执行的功能范围。优化机器人和工艺性能为公司节省资金。使机器人在从公共空间、医院、零售商店等众多环境中充当移动的交互式信息系统，从而节省个人时间。人工智能正在帮助机器人改变制造业，国际机器人联合会（IFR）提出智能机器人在未来将在以下五种场景进行发力。

一是自动化生产。将生产的第一阶段（如订单输入和产品设计）与下游流程（如零部件订购和机器调度）联系起来，使制造商能够立即了解生产新产品或新订单的资源影响，从而更好地优化生产组织。

二是优化性能。将机器人和其他机器连接到中央计算服务器，使制造商能够提取和汇总数据，用于实时或回顾性地优化机器性能。

三是数字孪生。机器人和其他生产机器的虚拟表现形式，使制造商能够在实施之前模拟操作，根据参数和程序变化的影响，改进生产计划，避免停机损失。

四是机器人即服务（RAAS）。采用按次付费的机器人对中小型制造商尤其有利，节省前期的资本投资和不可预测的维护成本，并使它们能够预测运营支出。

五是感知和响应。传感器和视觉系统使机器人能够实时地对外部环境做出反应，扩大了机器人可以执行的任务范围，例如拾取和放置未分类的部件并扩大了机器人的机动性。移动机器人是实现柔性制造的关键，在柔性制造中，生产被分割成离散的流程和并行生产单元。

（三）云自动化和综合性解决方案将是行业发展大势

目前，单一的自动化产品很难满足客户需求。随着自动化市场需求复杂化和行业标准的发展不断完善，以5G、云计算、物联网、人工智能等新一代信息技术为依托的“新基建”不断推进，边缘计算技术、网络安全等技术进步，云自动化即“云—边—管—端”一体化的智能机器人平台将成为发展热点。发展高效精准的传感器融合算法，提高机器人的外界感知精度及快速反应能力，借助5G网络的低延迟、高带宽、广连接的特点和边缘计算技术，可以实现机器人与机器人之间、机器人与端侧之间的控制与交互。

自动化机器人的各部分结构逐渐实现模块化和可重构化。在不同的环境下，机器人可以快速通过模块化和可重构化进行改造，使各模块之间形成快速的替代与升级。① 智能机器人云平台为实现模块化和可重构化提供了可能。随着对机器人的需求不断增加，服务场景的多元化趋势明显，细分的机器人领域逐渐出现，个性化定制和场景化定制成为发展趋势。通过联合软件开发商、咨询规划公司、分销商、系统集成商、产学联盟等各方能力优势打造综合性解决方案满足市场的需求及个性化定制将成为发展热点，这会造就一批专业水平高、服务能力强的智能制造系统解决方案供应商，自动化机器人产业链将在未来进一步形成规模。

（四）自动化核心技术国产化或将突破

中国自动化技术高度依赖进口，特别是科技含量较高的自动化系统、芯片、数据处理技术的国产化率相对更低。2018年以来，随着中美贸易摩擦及国际多边关系越来越复杂，自动化技术的国产化替代成为发展热点。多项政策鼓励自主创新，提

① 赵杰：《我国工业机器人发展现状与面临的挑战》，《航空制造技术》2012年第12期。

高数字技术基础研发能力，打好关键核心技术攻坚战，掌握自主权，突破对海外进口的依赖，鼓励民营企业加大研发投入，进军高精尖智能制造设备领域。2021 年 1 月 23 日，财政部、工业和信息化部联合印发《关于支持“专精特新”中小企业高质量发展的通知》，启动中央财政支持“专精特新”中小企业高质量发展政策。① 除此之外，《“十四五”智能制造发展规划》和《中国制造 2025》等政策中均有相关内容支持工业自动化发展，也提出加强自主供给、统筹发展与安全等要求。随着工业自动化政策扶持力度的进一步加大，工业自动化高精尖技术有望得到突破，受制约的细分行业的技术和国产化率有望进一步提升。

---

① 田芬、黄东石、秦艳梅：《支持中小企业发展的融资体系研究》，经济科学出版社 2012 年版。

八　人机协作焕发就业“新生态”

（一）机器人和自动化应用对就业影响的争论

机器人和自动化的应用，推动了技术进步，提高了生产效率。但机器人和自动化对就业到底是促进还是抑制，目前尚无定论。一部分学者认为，机器换人带来了技术性失业，其创造的新就业岗位小于替代的旧岗位。也有学者认为自动化创造的新岗位会超过“创造性毁灭”带来的失业，这也引发了学术界对“人机协作”的关注和讨论。

1.“机器换人论”背景

从第一次工业革命以来，“机器换人”带来的失业问题一直是广为讨论的话题，随着该话题的热议，同时也引出一个新的名词——“技术性失业”。所谓“技术性失业”，顾名思义就是由技术进步带来的失业。技术进步会通过两个渠道影响劳动力需求：一方面它会创造出更为廉价的工具（例如机器）从而替代劳动力的使用；另一方面它还会摧毁某些旧的行业，从而消灭一大批就业岗位。① 早在 20 世纪 90 年代美国经历经济危机后

---

① 陈永伟：《人工智能与经济学：关于近期文献的一个综述》，《东北财经大学学报》2018 年第 3 期。

的无就业复苏时期，Graetz 等人①就意识到技术冲击可能是带来其劳动力市场转变的主要驱动力之一。究其原因，一方面，自动化技术使公司自身成本相对降低就业规模扩大；同时，溢出效应导致竞争对手价值增值和就业规模下降。②

事实上，自第一次工业革命以来，从机械织布机到内燃机，再到第一台计算机，新技术出现总是引起人们对于被机器取代的恐慌。从人工智能代替就业的具体内容来看，不仅绝大部分的标准化、程序化劳动可以通过机器人完成，在人工智能技术领域甚至连非标准化劳动都将受到冲击。换言之，白领阶层可能也面临与蓝领阶层相似的冲击。

从技术的角度来看，受益于计算机能力的发展、数据的可用性日益增加、机器学习和其他算法的开发和改进，人工智能等关键技术的未来发展几乎是绝对的；从人工智能代替就业的具体内容来看，不仅绝大部分的标准化、程序化劳动可以通过机器人完成，在人工智能技术领域甚至连非标准化劳动也将受冲击。例如，在会计、金融、教育、医疗等各行业，大量岗位将会随着人工智能技术的发展而改变其工作模式，由人类负责对技能性、创造性、灵活性要求比较高的部分，机器人则利用其在速度、准确性、持续性等方面的优势来负责重复性的工作。

劳动力市场新一波“焦虑”症结将集中在如何提升对自动化技术的“适应力”“抵抗力”方面。白领和专业工作可能的机器接管影响，相较以往单纯机器自动化变革来说，在速度和广度上都有所加深。然而，人类的需求在短短 10—20 年间不会

---

① Graetz, G., Michaels, G., “New Technologies and The Labor MarketIs Modern Technology Responsible for Jobless Recoveries?”, *American Economic Review*: *Papers & Proceedings*, 2017, Vol. 107, No. 5.

② Acemoglu, D., Lelarge, C., Restrepo, P., “Competing with Robots: Firm-Level Evidence from France”, *AEA Papers and Proceedings*, 2020A, 110, pp. 383 -388.

有迅速变化。因此，从当前需求弹性和生产率提高技术的影响角度进行实证分析，将对新技术浪潮预期相关的政策制定起到至关重要的作用。需求可能不仅具有足够的弹性来缓解失业影响，而且可能对各个行业产生不同的影响。①

据麦肯锡全球研究院②估计，到 2030 年，多达 1/3 的美国劳动者将不得不转换他们的职业类别——不是转向一个相似的岗位，而是转向一个需要新技能的全新工作类型（见图 8-1），就业前景将面临负面因素，企业主对自动化进行了大幅投资，这将使这一期间脱离工作岗位的人们很难具备再次被雇用所需的技能。

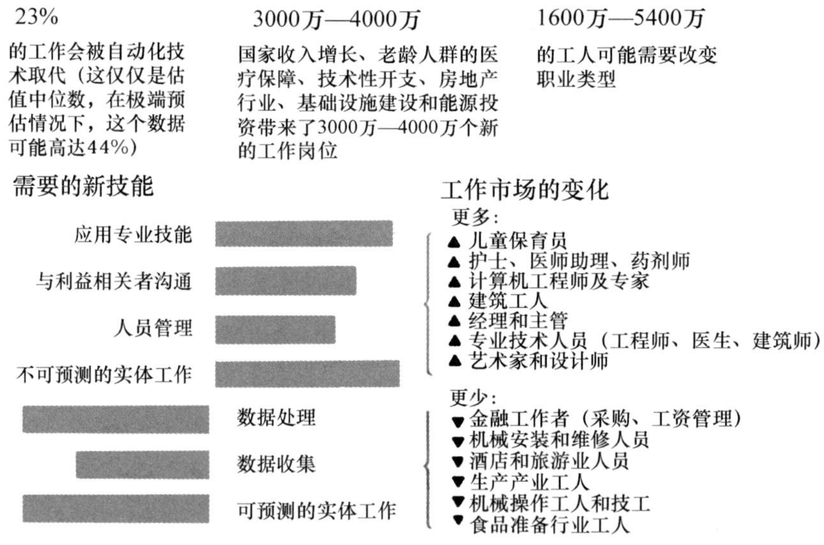

图 8-1 自动化冲击下美国劳动就业市场的转变

资料来源：麦肯锡研究院。

---

① Bessen, J., "Automation and Jobs: When Technology Boosts Employment", *Economic Policy*, 2019, Vol. 34, No. 100.

② James Manyika, Automation and Altruism (http://www.mckinsey.com/mgi/overview/in-the-news/automation-and-Altruism).

随着全球经济自动化水平不断提升，依赖廉价劳动力的红利已逐渐被蚕食殆尽。自动化水平的提高减少了非熟练、半熟练工人就业岗位，同时提高了资本（而非劳动力）回报率，将现金投入企业自动化改造带来的财富增速不断加快。然而，学术界仍然有观点坚持不应完全专注于自动化对人力成本的降低，强调“未来更多机会让人工智能作为平台，成为具有提高人类生产力的巨大潜力的工具”，通过解放创造力，释放新岗位，确保失业群体能够再就业，使整个社会从中受益。①

正如 Bloom 等人的研究所见，技术对就业的负面冲击并不适用于所有发达国家，可能的解释来自两方面，一方面受到各国技术选择路径差异的影响，另一方面由于美国有专门针对失业采取的制度和政策变化，例如扩大失业福利以及工会的衰落。②

总体而言，随着以“数字化、网络化、智能化”为主要特征的新一轮工业革命蓬勃兴起，机器人技术在智能化生产领域的应用驱使工业生产进入更高的自动化水平逐渐成为不争的事实。分析其背后形成机制，可以得出两方面结论：其一，部分传统岗位被替代且具有显著的结构性特征，即导致低技能劳动力需求降低；其二，中等技能的工作最容易受到新技术带来的工作内容的冲击，更有可能在经济大萧条中受到永久损伤。这部分工人被迫陷入工作转型的泥潭，并在经济恢复其表现为较低的就业增长速度。③

麻省理工学院经济学教授 Daron Acemoglu 和波士顿大学助理

---

① Acemoglu, D., Restrepo, P., “Robots and Jobs: Evidence from US Labor Markets”, *Journal of Political Economy*, 2020B, Vol. 128, No. 6.

② Bloom, N., Sadun, R., Van Reenen, J., “Americans Do it Better: US Multinationals and The Productivity Miracle”, *American Economic Review*, 2012, Vol. 102, No. 1.

③ Jaimovich, N., & Siu, H. E., “The Trend is the Cycle: Job Polarization and Jobless Recoveries”, 2014, http://www.nirjaimovich.com/assets/jpjr.pdf (accessed February 24, 2017).

教授Pascual Restrepo 合作完成一项研究，题为《机器人与就业：来自美国劳动力市场的证据》。两位研究人员使用国际机器人联合会（IFR）收集的19 个行业数据，结合美国人口普查局、经济分析局和劳工统计局提供的人口、就业、商业和工资数据进行模型分析。研究发现 1993—2007 年，每千名美国工人中增加 1 个机器人，全美就业率下降 0. 2% ，工人工资降低 0. 42% 。这意味着，美国制造业中每增加 1 个机器人，平均会取代 3. 3 名工人。结果确实表明了机器人对收入不平等的直接影响。①

面对人工智能的勃兴，在高端研发等少数前沿创新领域，仍然延续对高技能劳动力的就业选择偏好，就会导致在高技能与中低技能劳动力就业中出现明显极化趋势：对高技能劳动力的就业需求显著提升；加剧了通用生产领域中低技能劳动力的去技能化趋势。

放眼国际，美、德等西方工业化国家先后推出“工业互联网”和“工业 4. 0”战略计划，尝试借助工业再升级和智能化转型重塑全球工业分工格局，作为一种伴生现象，劳动力就业结构开始呈现出“两极化”，即出现高技能和低技能行业就业岗位增加，同时中等技能行业的就业岗位减少的现象。② 关于就业两极化现象，一个具有代表性的解释是，中等技能劳动者往往从事的是程序化、常规性的工作，而随着信息通信技术（ICT）和自动化技术的进步，这些工作最容易被替代。相比较而言，高技能劳动者多从事非常规复杂劳动，而低技能劳动者多从事非常规简单劳动，被机器替代的可能性较小。③

---

① Acemoglu, D. , Restrepo, P. , “Robots and Jobs: Evidence from US Labor Markets”, *Journal of Political Economy*, 2020B, Vol. 128, No. 6.

② 孙早、侯玉琳：《工业智能化如何重塑劳动力就业结构》，《中国工业经济》2019 年第 5 期。

③ Autor, D. H. , “Outsourcing at Will: The Contribution of Unjust Dismissal Doctrine to the Growth of Employment Outsourcing”, *Journal of labor economics*, 2003, Vol. 21, No. 1.

2. **“就业创造论”的背景**

机器人作为一种科技创新，符合创新在经济学里的一般规律。正如熊彼特的主要观点所说，企业家在货币信用体系下，通过不断创新，打破静态的市场均衡，从而形成经济增长的动力。机器人正是科技创新的体现。科技创新打破了旧的体系，提高了生产效率，替代了部分人类劳动，消灭旧的工作机会也创造了新的工作机会，更造成了社会财富在不同社会阶层和国家间的重新分配。科技使人类从繁重的体力劳动中得到解放，使得他们能够更好地从事脑力的创造，推动科技的革新，再作用于生产力的发展。纵观人类工业化的时代，劳动力的需求总体增长，虽然一些工作消失了，但更多的工作岗位被创造出来。①

通过 Gregory 等人对 1999—2010 年 27 个欧盟国家 238 个地区的模型进行估计，发现替代常规的技术变革对劳动力需求的净影响是正的，即机器的使用会促进劳动力的需求。虽然机器对劳动力产生了一定的替代，但是机器带来的效率提升被随之增加的产品需求和溢出效应补偿，由此带动的就业需求抵消了替代效应，因此总体上就业需求增加了。② Piva 和 Vivarelli 也从意大利 20 世纪 90 年代公司层面的数据模型中得出，技术创新和就业之间有一个显著的（尽管很小的）正向关系，即技术进步没有导致就业岗位缩减，相反还增加了一定的工作岗位。③

① Korinek, A., Stiglitz, J. E., *Artificial Intelligence, Globalization, and Strategies for Economic Development*, National Bureau of Economic Research, 2021.

② Gregory, T., Salomons, A., Zierahn, U., “Racing with or Against the Machine? Evidence from Europe”, Evidence from Europe, 2016, ZEW-Centre for European Economic Research Discussion Paper, No. 16.

③ Piva, M. and Vivarelli, M., “Technological Change and Employment: Some Micro Evidence from Italy”, *Applied Economics Letters*, 2006.

（二）机器人用工数据来源及变量构成

聚焦国内，根据《中国制造2025》中推进实施制造强国的全面部署可知，智能制造装备和核心支撑软件在各个行业不断普及，生产流程数控化率逐渐提高。由此可以预判劳动力就业结构或将受产业布局变化，在地域分布、职业选择和技能水平方面随之发生显著变化。基于对现有理论及国内外发展状况的初步梳理，下面将以自动化机器人对就业影响为研究对象，结合中国行业和区域相关数据的整理情况，从以下三个部分对结果进行分析：其一，数据来源及描述性统计分析；其二，地区空间特征静态分析；其三，城市行业交叉动态分析。

本部分内容涉及数据主要来源是内部非公开数据，其中使用了智联招聘提供的相关数据。

原始数据记录了2018—2021年中国机器人用工职业需求的面板数据，覆盖境内（除港澳台外）32个省级行政区的省会城市和保定、深圳、佛山、东莞、无锡、常州、苏州、宁波、青岛、潍坊、大连、厦门，共计44个城市；涉及两个核心变量，即7类不同职业类型对应的岗位个数和投递人数。

接下来将从城市地区分布和机器人就业需求两方面对数据基本情况进行介绍。

1. 城市数据样本选取分布均衡：覆盖不同经济区划、产业集群和人口规模

首先，城市范围覆盖到东部、中部、西部、东北四大经济区域。其中东部22个城市，占比50%；东北4个城市，占比9.1%；中部6个城市，占比13.6%；西部12个城市，占比27.2%。

其次，44个城市分布在不同城市群。其中，包括国家级城市

群11个，省域内城市群3个。

最后，按城市人口规模划分①，辐射到4个不同等级。选取样本中包括超大型城市7个，占比15.9%；特大型城市14个，占比31.8%；Ⅰ类大型城市11个，占比25%；Ⅱ类大型及以下城市12个。

2. 岗位需求变量构成依据合理：机器人分类标准及职业性质

本研究从目前技术可实现和数据可得性角度出发，依据岗位从事的工作性质和涉及工作场景的内容考虑，结合机器人分类标准②，对岗位做出分类；未来研究中可根据具体情况，对所涉岗位的机器人用工类别进一步合理化调整和完善。

工业机器人	服务业机器人
CNC/数控操作 汽车制造	IT维修/技术支持 快递员 送餐员 网络运营 主播

图8－2 职业—机器人用工类型对应情况

对照图8－2的分类可知，从不同类型机器人用工需求角度

① 城市等级划分标准：参照2014版国务院关于城市规模划分标准，将城市划分为五类七档。其中市区常住人口大于1000万人为超大城市，500万—1000万人为特大，300万—500万人为Ⅰ类大型，100万—300万人为Ⅱ类大型。

② 综合于GB/T 39405—2020《机器人分类》；GB/T 33261—2016《服务机器人模块化设计总则》；GB/T 33262—2016《工业机器人模块化设计规范》；ISO 10218－2—2011《工业机器人安全要求》；ISO 13482—2014《个人护理机器人安全性要求》等标准。

来看，将现有岗位分属两大类型。① 其中岗位用工需求涉及服务业机器人的占比超过半数。涉及服务业机器人用工需求职业的有 5 个，分别为 IT 维修/技术支持、网络运营、快递员、送餐员和主播；涉及工业机器人用工需求职业的有 2 个，分别为 CNC/数控操作和汽车制造。

快递员、送餐员、网络运营和主播等职业反映了对服务机器人的应用需求增加，体现了自动化技术与岗位互补性而非以往工业机器人的简单替代效应。从岗位需求角度来看，诸如送餐和快递员等岗位的兴起，也凸显服务业机器人巨大的需求潜力。"机器代人"在理论上会冲击就业，长远来看，不论是现阶段技术水平限制，还是机器人向智能化、柔性化、轻型化方向发展的目标，都展现了人机协作的特征。

（三）空间特征静态分析

技术密集型产业持续吸纳就业，机器助力拓展劳动市场边界。一般而言，过高的城市生活成本将挤出低技能劳动力，导致劳动服务价格上升，降低中、高技能劳动力的生活质量和生产效率，进而会降低城市对高技能劳动力的吸引力。②

在充分考虑中国尚未完全实现工业化、区域间工业智能化和产业升级不平衡发展的经济现实基础上，孙早和侯玉琳通

---

① 岗位用工分类情况说明：（1）数控操作和汽车制造岗位侧重于工业机器人；使用中主要考虑到精度、力矩输出及承重负载问题。（2）快递、送餐侧重服务业机器人；物流领域已有工业机器人部署，本次涉及岗位主要集中在路线规划的算法范畴。（3）IT 维修/技术支持、主播和网络运营岗位依据目前数据情况暂定归类为服务业机器人，主要针对开放化环境下灵活智能化工作，对具体动作完成精度等硬性要求较少。

② 陆铭、高虹、佐藤宏：《城市规模与包容性就业》，《中国社会科学》2012 年第 10 期。

过实证研究发现中国东南沿海地区，在过高生活成本的作用下，就业结构呈现“单极化”趋势，并指出为预防过早的“机器换人”可能带来的“未富先极化”就业问题，稳就业甚至提高就业的关键在于提升劳动力的受教育程度和技能水平。①

结合数据分析结果，本研究将进一步从我国城市地区空间分布角度对不同类型机器人的用工需求展开讨论，并尝试说明机器人就业需求的区域特征。考虑到城市区域的不同划分方式，选取三种类型“经济区域”“重要城市群”以及“人口规模等级”，对44个城市覆盖范围进行分类讨论。

1. 经济区域间产业转型协作推进

东部持续领跑，制造业、服务业双轮驱动。对比“四大经济区域”应当注意到，近四年内东部制造业岗位需求量明显高于西部。东部地区拥有最高的岗位总需求均值（73317）和最低的服务业/工业机器人岗位比（9.08∶1）。西部地区岗位总需求量均值（29490）则排名最后一位，其服务业/工业机器人岗位比接近30∶1。

随着互联网和信息技术的飞速发展，制造业与服务业的深度融合已成为产业发展的主流趋势。结合我国现阶段现代制造业、服务业的发展战略要求，东部地区一方面瞄准高档数控机床和机器人以及新能源汽车等重点领域突破发展，增加高新技术带动下的智能制造；另一方面，通过加强生产性服务投入在制造业中间投入中的比重，推动传统制造业向服务型制造业转型，未来制造业对劳动力技能的需求将不断增加。西部地区，则已承接先进制造业产业链中的生产制造、

① 孙早、侯玉琳：《工业智能化如何重塑劳动力就业结构》，《中国工业经济》2019年第5期。

数据存储、仓储物流等环节，形成重点城市群，培育新的经济增长极，考虑以加快制造业向城市群中心城市集聚为重点方向。

2. 不同城市群产业布局分明

长三角智能制造重点发力，京津冀吸引现代服务人才，珠三角则介于二者之间。重点关注“三大重要城市群”可知，不同城市群由于经济发展水平、工业基础、市场成熟度以及人才等因素的差别，形成了各自独特的产业布局。

2017—2020 年同时拥有最高服务业岗位数均值和服务业/工业岗位比的城市群是京津冀城市群（北京、天津、石家庄 、保定）。以 11191 的最高工业机器人岗位数均值，和最低的服务/工业岗位比均值（5.98：1）出现的则是长三角城市群（上海、南京、无锡、常州、苏州、杭州、宁波、合肥）。

2019 年第四次全国经济普查系列报告①显示，第三产业成京津冀区域发展重要支撑，现代服务业逐渐成为跨省（市）投资重点领域。由此可知，京津冀城市群的服务业岗位需求仍然较大，同时向高技术制造业快速发力，以知识及资金密集型为主导，对应高层次人才的吸引力。长三角城市群则侧重于积极推进长三角一体化，加快装备制造业发展。根据长三角各地区的政策规划，“十四五”时期，上海市、江苏省和浙江省的智能制造装备产业总产值或将超过万亿元。

3. 人口规模差异中发掘价值驱动

机器人补充替代劳动力，锁定老龄化需求。从“人口规模”差异角度出发，随人口结构变化加快，服务机器人将变得更加

---

① 国家统计局：《第四次全国经济普查公报（第一号）》（http：//www. gov. cn/xinwen/2019 -11/20/content_ 5453895. htm）。

重要。超大型城市工业岗位个数均值最高，甚至超过特大型城市近3倍，且两者保持近似的服务/工业岗位比均值（10：1）。Ⅱ大及以下的城市则与超大城市相差7.5倍的工业岗位需求量，以及2倍多的服务/工业岗位比均值（24：1）。

根据第七次人口普查数据可知，截至2021年，全国有149个城市已进入到深度老龄化，在东北地区、成渝城市群、黄河中下游、中部地区、长三角较为集中。① 对应报告城市数据来源，可以发现这些地区大部分都是人口超过500万人的城市，总体上看，工业化是城市化的核心动力，要实现“质的飞跃”也需要第三产业的动力，因此在老龄化和产业转型背景下，城市化进程更要对机器排挤工人以及第三产业如何创造就业机会等问题予以重视。

机器人通常会替代劳动力，从而破坏工作岗位。然而，拥有大量年轻劳动力的地区，往往不是很担心受到自动化冲击，反而是老龄化以两种方式创造了对自动化的需求。首先，退休人数带来产出下降，必须用机器进行替代和辅助。其次，人士创造出新型市场，包括满足无法自理人士的医疗及其他护理要求。人口结构变化将改变人们需要的机器人种类，并增加机器人实际部署的数量。

（四）城市行业动态交叉分析

就业替代与创造效应共存，新就业结构浮出水面。实际上，工业智能化引起的机器替代劳动力现象其根源是技术进步对就业的影响。一方面，资本对劳动的替代作用逐渐显现，由于工业制造业最易受自动化与机器人投入的影响，劳动力

① 国家统计局：《第七次全国人口普查公报》（http：//www.gov.cn/guoqing/2021－05/13/content_ 5606149.htm）。

吸纳规模也明显高于农业与服务业，意味着智能化对就业的影响将突出显示在工业制造业中。① 另一方面，工业智能化引起的劳动力需求下降效应具有显著的结构性特征，在低技能群体上表现更为突出。② 随着智能制造水平的逐步提高，将导致制造组装环节产生的劳动力（即低技能劳动力）替代效应愈发明显。

结合时空变化的视角，报告尝试从岗位需求量、岗位供需比和城市行业交叉比对三个角度做出动态可视化分析，进一步说明自动化机器人对劳动力就业的人口规模、产业布局等多方面产生的具体影响。

1. 岗位需求量变化

服务业机器人需求强劲，岗位内部存在异质性差异。如图 8－3所示，从 2018—2021 年所有城市各岗位总数排名来看，服务业机器人岗位普遍排名靠前。依据图中初始年份（2018）排名情况，即岗位排名顺序由左至右依次递减。其中 IT 维修/技术支持四年间排名稳居第一；相对而言工业机器人岗位排名始终居后，如 CNC/数控操作和汽车制造除 2021 年稍有提高一个名次，其余年份始终位列第七或第六。

从岗位总数排名来看，服务业机器人岗位普遍排名靠前。依据图 8－3 中信息可知，其中 IT 维修/技术支持四年间排名稳居第一；相对而言工业机器人岗位排名始终居后，如 CNC/数控

① 陈秋霖、许多、周羿：《人口老龄化背景下人工智能的劳动力替代效应——基于跨国面板数据和中国省级面板数据的分析》，《中国人口科学》2018 年第 6 期。

② 如 2014 年东莞市在《关于加快推动工业机器人智能装备产业发展的实施意见》中明确指出，鼓励劳动密集型尤其是劳动力重复特征明显的企业开展“机器换人”，推动工业机器人智能装备等先进自动化设备的推广应用。

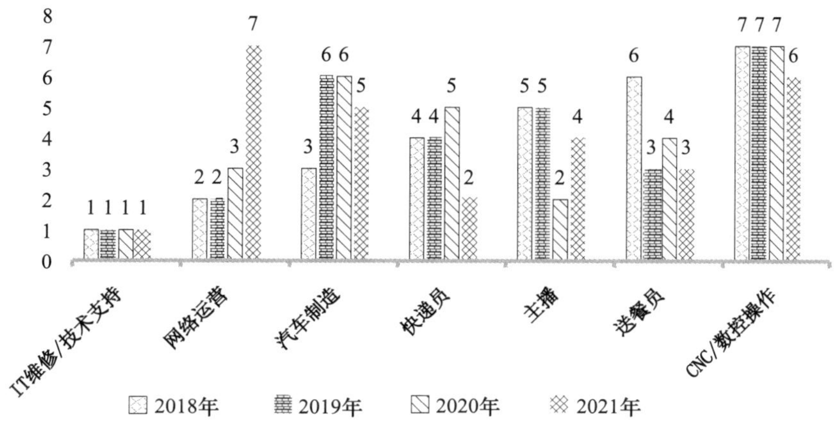

图 8－3　2018—2021 年各岗位的需求总数排名

操作和汽车制造除 2021 年稍有提高一个名次，其余年份始终位列第七和第六。

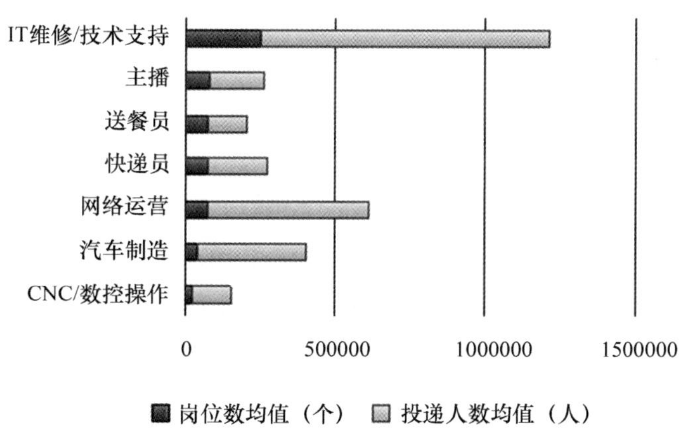

图 8－4　2018—2021 年所有城市各岗位及投递数均值

结合岗位需求总数的时间变化情况来看，服务业机器人岗位内部异质性差异较大，其中两个岗位需求个数略有下降，另外三个增长迅速；工业机器人普遍保持稳定增长。具体而言，2018—2021 年岗位需求变化情况，除 IT 维修/技术支持和网络运营岗位整体需求量有所下降外，其他 5 个岗位需求量都有增

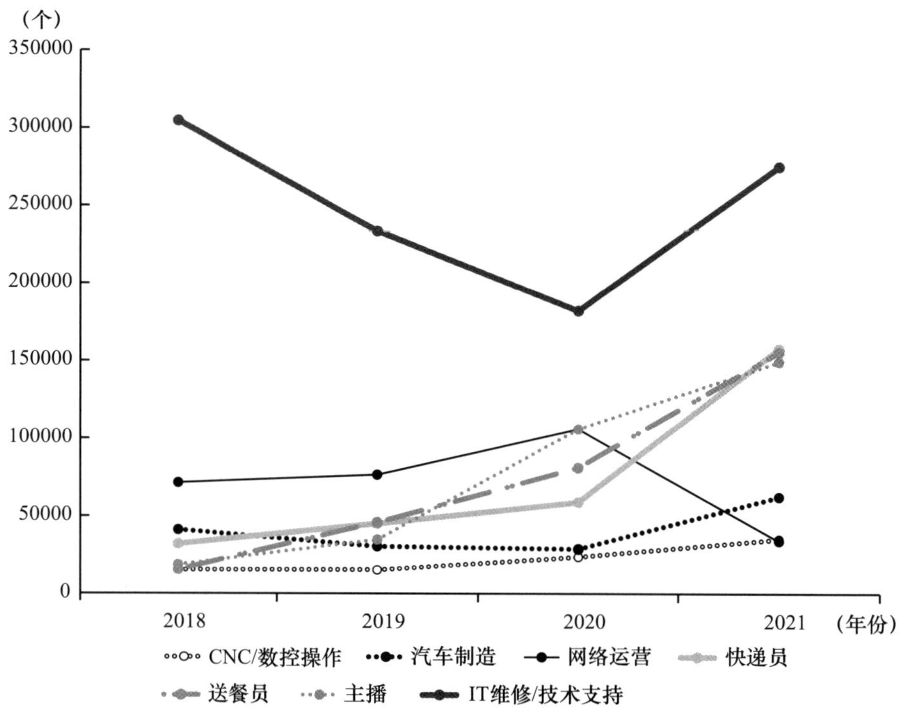

图 8－5 2018—2021 年各岗位需求总数变化

长趋势。尤其注意到，送餐员岗位需求个数以每年近 2 倍的速度增长，至 2021 年岗位数量（155342）相较 2018 年（15580）扩大近 10 倍，同样看到快递员岗位在 2021 年（157604）开始出现井喷式增长，2021 年岗位需求量较前三年均值（45404）增长近 3.5 倍；而主播岗位需求个数在 2021 年（149152）相对前三年均值（53210）增长 2.8 倍（见图 8－5）。

中国制造 2025 向现有机器人产业提出了新要求，而技术进步特别是信息技术进步，为机器人进步提供了支持和保证。从岗位需求角度来看，诸如送餐和快递员等岗位的兴起，也凸显服务业机器人巨大的需求潜力。“机器代人”在理论上会冲击就业，长远来看，不论是现阶段技术水平限制，还是机器人向智能化、柔性化、轻型化方向发展的目标，都展现了人机协作的特征。

2. **岗位供需比变化**

服务业机器人岗位供需基本同频，工业机器人岗位波动较大（见图8-6）。从岗位供需比（投递人数/岗位个数）排名来看，2018—2021年岗位供需比均值由上到下逐渐减小，工业机器人岗位相对供需比更大，其中竞争最激烈的岗位是汽车制造，供需比约为9∶1，CNC/数控操作排名第三（5.81∶1）；而服务业机器人岗位相对供需比较小，例如送餐员则以近乎1∶1的供需比位列最后。

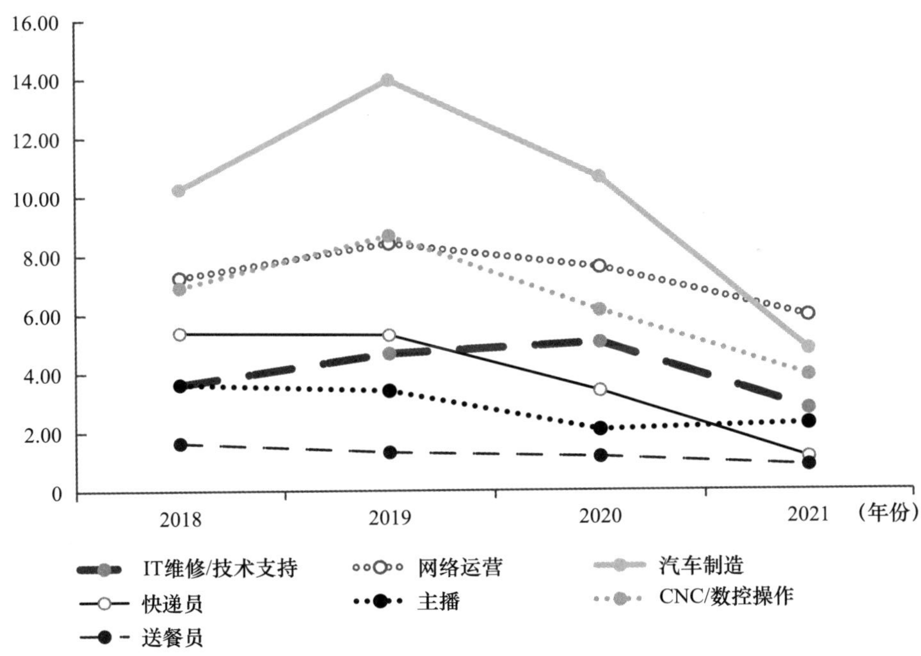

图8-6 2018—2021年岗位供需比均值

结合岗位供需比均值时间变化情况来看，所有岗位供需比2018—2021年整体均呈现下降趋势。

服务业机器人岗位供需比主要呈稳中有降态势，供需基本实现同步增长。其中快递员与前三年均值相比，降幅近50%；

送餐员则稳定在20%左右的降幅；主播岗位前三年供需比持续下降，至2021年稍有增长，但幅度不超过10%；IT维修/技术支持的岗位供需比前三年仍保持近三成增长率，直到2020年后逐渐下降至3：1。

工业机器人岗位有先升后降的波动，特别到2019年起出现明显下降趋势，汽车制造岗位供需比从最高约14：1，下降至5：1左右，降幅近3倍；CNC/数控操作则由6.91下降至3.90。

一方面借助于互联网的高速迭代，平台数字化催生了与之相匹配的服务促使劳动力市场变革；同时，受近年来大环境疫情、冲突，金融危机等动荡局势的影响，进一步放大了自动化对就业的间接效应，即闲暇时间创造了更多的非正式就业。灵活用工形式的出现起到承接一定中低端制造业挤出岗位的积极作用，但整体上高技术人才短缺以及就业结构与产业结构不匹配的挑战仍然存在，如何通过加大职业技能教育的投入，将更多的人才分流至制造业等行业的“治本”之道依然值得思考。

3. 城市行业交叉变化

区域间行业尚未均衡发展，东部工业机器人岗位优势显著。结合图8－7可知，从不同经济区域行业需求总量变化来看，四年间服务业机器人岗位需求明显上升，尤其是在2019年后增速显著加快，相较而言工业机器人岗位整体稳中有增，但在2019年都有短期下跌势头。具体来看，东部地区领跑经济发展，行业需求总量位列第一，中部、西部紧随其后，尤其是西部地区增速最快，在2018年其服务业需求量绝对值已经超过中部地区。具体数据显示，西部地区发展最快的城市集中在以重庆、成都、贵阳、昆明为主的成渝、云贵区域。

近年来，随着国内外比较优势的转变，成渝地区部分成本导向的产业链竞争力正不断下降，劳动密集型产业和加工组装类产业外迁力度正在加大，这既是对传统产业的发展提出了新挑战，也是对加快产业链升级步伐提出了新要求。从全国范围来看，区域经济发展已日益依靠消费和服务业需求，服务业正引发新业态、新模式革命，这也将成为产业链向中高端发展的最重要推手，成为区域经济增长最主要的新动力源。

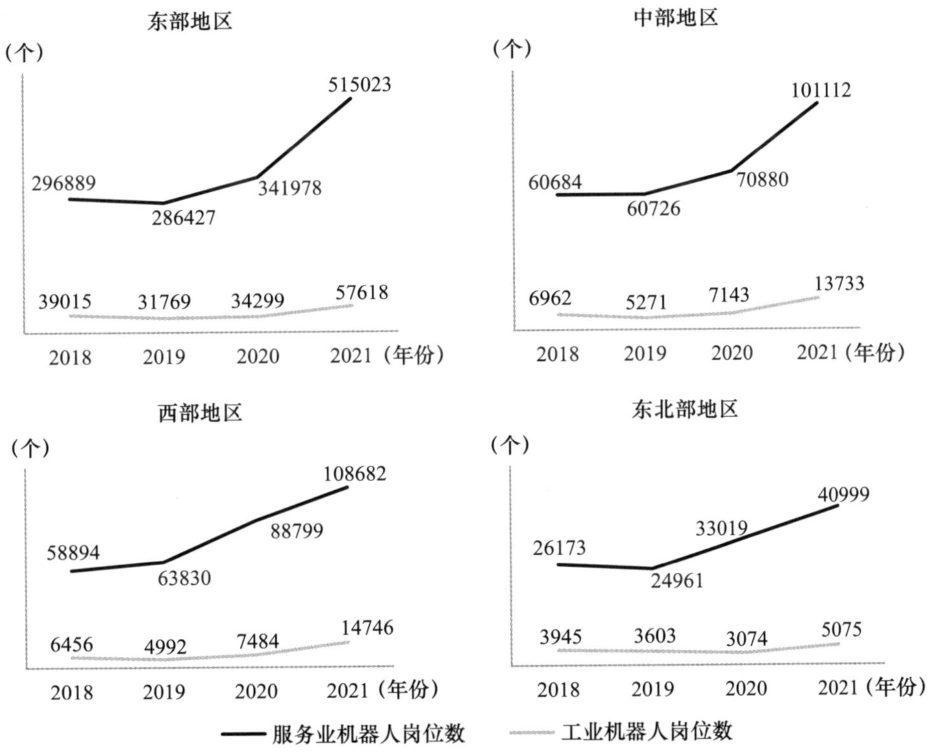

图 8－7　2018—2021 年不同经济区域的城市行业需求总量变化

结合图 8－8 可知，从不同经济区域行业需求均值变化来看，东部地区仍然排名第一，中部和东北部次之，西部最后。相比总量来看，均值排名的主要变化有三点：其一，西部总量超过东北部接近中部，但从均值来看，不论服务业还是工业机器人岗位均不敌东北部数量。由此可见，西部地区城市间差异较大，整体发展水平有待提高。其二，东北部地区和中部地区总量差异较大，但均值差异较小。这恰好说明东北部地区内部相对均衡且与中部水平相当，两地区岗位需求总量差异更可能来自城市选取的数据量。其三，东部和中部服务业机器人岗位需求均值几乎持平，主要差距集中在工业机器人方面。东部地区无论从工业经济绝对比重还是生产性服务业融合发展要求来看，其工业机器人岗位需求明显处于绝对领先地位。

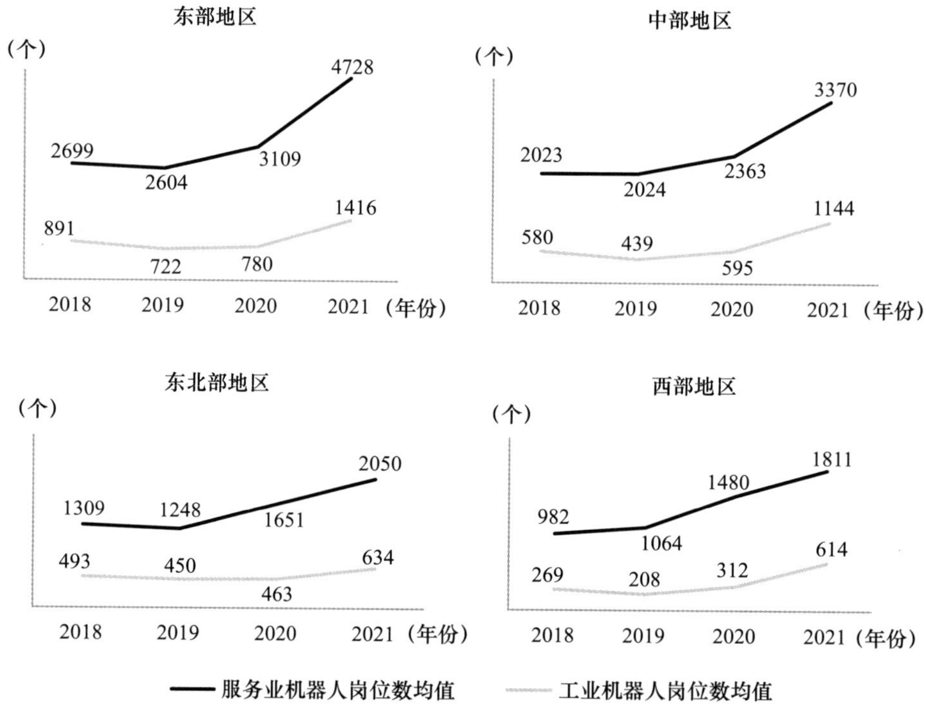

图 8－8　2018—2021 年不同经济区域的城市行业需求均值变化

尽管中部、西部地区机器人产业发展起步相对较晚，仍然可以通过充分借鉴吸收国内外先进发展理念与现有成功经验，结合自身优势开拓新型业务模式，为地区产业发展注入活力。例如，截至 2022 年，川渝两地已就汽车制造，高端装备，电子信息三个重点方向开展共建万亿级产业集群，大量的生产线升级需求使得机器人应用具有广阔的空间，是机器人及智能装备产业与传统制造业结合的理想区域。未来将通过持续打造工业机器人企业集群和关键零部件企业集群，以及逐步构建和完善的机器人及智能装备产业链，推动两地产业转型升级和高质量发展，不断扩大产业集聚效应，增强区域经济带动和辐射作用。

（五）人机协作带动就业

信息时代的创造性毁灭的效果，表现为自动化替代了低技能劳动工作，创新带来的工作则会对受过高等教育的人更加有利。① 低技术和中等技术的工人更少从自动化获益，是因为他们更容易被自动化替代的易感性以及与科技创造相关的低互补性。② 与传统不熟练劳动力相比，自动化对于重复性的日常工作更有效率。③

人力资本之所以与自动化的替代相抗衡，是因为自动化较难胜任复杂工作，而人在模糊化处理方面更具优势。科技对于工作技能提出了新要求。脑力劳动相对较难被目前的科技创新所替代，而科技创造的新工作机会对批判性思维、解决复杂工作能力、强认知能力、社会交往和行为能力的要求更高，且有更多需求。④

---

① Blom, Andreas, Reehana Rana, Crispus Kiamb, Him Bayusuf, and Mariam Adil, "Expanding Tertiary Education for Well-Paid Jobs: Competitiveness and Shared Prosperity in Kenya", World Bank, Washington, DC. 2016.

② Acemoglu, Daron, and David H. Autor., "Skills, Tasks, and Technologies: Impli-cations for Employment and Earnings", *Handbook of Labor Economics*, Vol. 4, Part B, 2011, pp. 1043 – 1171.

③ Autor, D. H., Levy, F., Murnane, R. J., "The Skill Content of Recent Technological Change: An Empirical Exploration", *The Quarterly Journal of Economics*, 2003, Vol. 118, No. 4.

④ Korinek, A., Stiglitz, J. E., Steering Technological Progress, NBER Conference on the Economics of AI. 2020.

在机器工作水平和人机组织形态演化到最高时，人机协同工作将是生产模式的一个发展趋势（见图8－9）。① 目前各大机器人制造商也相继推出协作机器人，例如KUKA LBR iiwa。所谓协作机器人，是将机器人的重复性能与人类独特的技巧和能力相结合。人类擅长解决不精确或模糊的问题，而机器人在精确性、力量性和耐久性上表现优异。

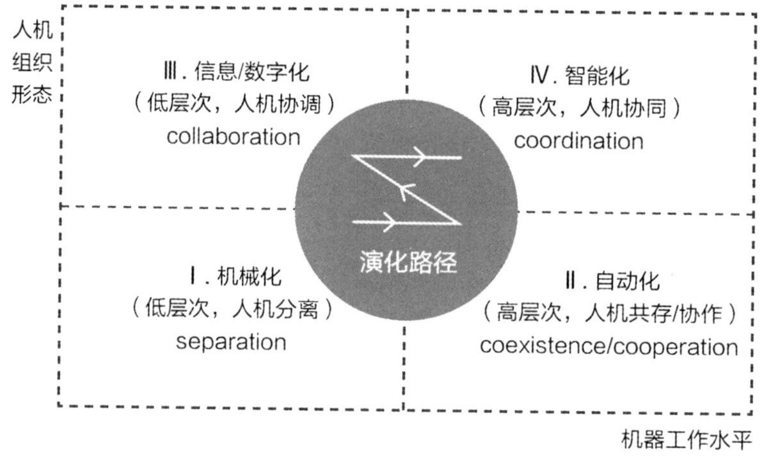

图8－9　人机协同智能创新的演化路径

随着机器人技术不断发展及企业未来大量投入机器人的趋势下，人与机器人共同协作的工作岗位随之增加。因此，在新一轮工业革命的冲击下，虽然机器人替代目前由人工从事的体力性、重复性工作的趋势无法避免，但是因为生产效率的提升，新的工作岗位需求随之增加，例如人与机器人共同协作的工作岗位，正如目前人类与计算机（家用电脑）“共同协作”的情况类似，未来将出现大量人类与机器人共同参与生产的工作。与此同时，与20世纪90年代风靡的计算机专业和计算机培训相似，目前也涌现了机器人相关的专业和机器人培训。

① 任宗强、陈淑娴：《人机协同创新：面向智能制造的创新新范式》，《清华管理评论》2021年第11期。

九　加强教育培训　发挥人机协作积极作用

（一）教育培训推动人机协作

对于一个正处于经济转型关键期的制造业大国，机器人的迅速普及，对中国机器人发展现状与未来、对企业的生产与管理、对人才的就业与失业都造成不容忽视的冲击。近年来机器人应用在中国企业的安装数量和投入规模呈现爆发性增长趋势，机器人覆盖率、使用范围对企业效益的影响程度正快速加深。正如前文论述，由于机器人的投入使用将为企业带来生产效率的有效改进和资本回报率的明显提升，同时将引致企业产品质量控制能力与管理效率的“双提高”，降低企业经营的不确定性，促使机器人替代人工的效应不断提升。

基于“中国企业—劳动力匹配调查”数据，我国约有40%的制造业劳动力人口已受到机器人使用的潜在影响。机器人对使用企业劳动力的整体替代效应约为2.6%，即截至2017年年末，平均每个企业会有31个从业者会被机器人替代。而对劳动密集型企业而言，机器人对劳动力整体的替代效应更强。将中高层管理人员、技术设计人员作为技能劳动力，将一线生产员工作为非技能劳动力进行划分后，机器人对不同技能水平劳动力的影响效应具有较为显著的非对称性。一方面，机器人对技能劳动力具有显著的增进效应，原因为机器人的用途暂未渗透到抽象性工作任务领域，且操作、管理和运用机器人需要更高技能的劳动力；而另一方面，机器人对非技能劳动力具有显著的替代效应，这是由于机器人大量用于替代对体力性、程序性要求高的工作任务。①

如果将非技能劳动力转化成技能劳动力，加大投入合理的机器人相关培训，尤其是操作领域的培训，使人学会更好地与机器人共同进行工作，即人机协作，也许是一个抵消机器人替代效应的解决方案。

（二）现行教育培训面临的主要问题

机器人领域的教育培训主要可以分为机器人设计制造等领域的高等教育、针对青少年的机器人编程操作等兴趣培训以及针对机器人操作人员的应用培训。高等教育方面，“机器人工程”专业是顺应国家建设需求和国际发展趋势而设立的一个新兴专业，2016 年被教育部批准成为新设立的本科专业，列入招生计划。2015—2019 年，全国 249 所高校成功申报“机器人工程”专业。② 青少年兴趣培训方面，培训对象主要为从幼儿园到高中阶段的青少年，主要提升青少年对自动化和机器人方面的兴趣，培养可续素养和逻辑能力，不以就业为导向。机器人操作培训是以如何操纵和使用机器人为目标，更多应用在工业机器人领域。全球各大机器人制造商提供仅针对自身开发的机器人的操作培训，市场上也有些培训机构开发的机器人操作培训课程。但这一领域的培训远不及市场需求，无论是培训内容设

① 程虹、陈文津、李唐：《机器人在中国：现状、未来与影响——来自中国企业—劳动力匹配调查（CEES）的经验证据》，《宏观质量研究》2018 年第 3 期。

② 教育部：《关于公布 2019 年度普通高等学校本科专业备案和审批结果的通知》，2020 年。

计还是培训效果都有待提高。机器人操作培训依然是教育培训领域的一块短板，也是制约人机协作发挥作用的主要因素之一。由于服务机器人用户群体较为广泛，应用领域也相对简单，易用性也随之提高。因此本章着重讨论使用难度更大的工业机器人领域的培训。

1. 工业机器人操作学习难度大

20 世纪 60 年代 Unimate 公司研发了第一代现代工业机器人。如今全球各大机器人制造商百花齐放，分别创立了不同的机器人品牌。如瑞典的 ABB（阿西亚—布朗勃法瑞）、德国的 KUKA（库卡）、日本的 KAWASAKI（川崎）以及中国的新松机器人。由于机器人还未像计算机一样，形成通用的操作系统，而且各大机器人制造商研发所使用的技术各不相同，这就造成了每个机器人品牌拥有独立的操作流程、编程语言和使用技巧，这对机器人操作者来说提出了更多挑战。从技术和设备学习的角度看，主要存在以下困难。

（1）示教器不同

根据国际标准化组织 2012 年发布的定义，机器人示教器是一种与控制系统相连接的手持单元，机器人可以通过该单元进行编程或移动。目前示教器除了对机器人进行手动操控和程序编程外，还可以监控机器人的运行状态，并添加移动或旋转参数的功能。目前绝大多数工业机器人都适配示教器，方便使用者操控机器人。除了复杂或大量的程序编程需要在电脑端进行编写外，简单的手动控制机器人（例如坐标回零或手动进给）以及根据机器人运行状态随时调整参数等，都需要在适配器上进行操作。

因此，在机器人操作培训中，使用示教器操控机器人是最重要的培训机器人操作课程的环节之一。但是目前各大机器人制造商的示教器使用流程和操作逻辑各不相同，即使操作者通过培训学会一种机器人的示教器使用，也很难将使用经验“复刻”到另一种机器人品牌。图 9－1 所示，ABB 与 KUKA 的示教器界面和操作方式有很大的区别。

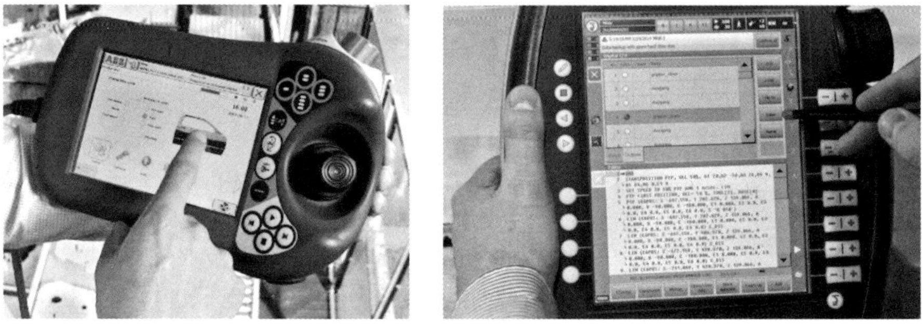

图 9－1　ABB（左）与 KUKA（右）示教器的区别

（2）编程语言不同

语言是人类沟通的主要方式。人类迄今为止发明了三种标志性的语言：自然语言、数学语言、编程语言。自然语言是人类进行沟通的工具，数学语言是人类对自然进行科学分析的工具，而编程语言是人类与机器之间进行信息交换的工具。与计算机编程不同，机器人技术中没有一种通用语言可以用于所有机器人。在机器人技术中，每个机器人制造商都开发了自己的与其他控制器不兼容的语言。

如表 9－1 所示，目前各大机器人品牌所使用的编程语言列表，不同的机器人品牌使用的编程语言完全不同。虽然这些语言彼此之间比较相似，都基于 BASIC、Pascal 或 C 的语法，但是如果需要使用一些更高级的命令，学习成本将大幅提高。尤其对于开发机器人培训来说，需要将受培训者视为无计算机编程基础看待，这就无形中增加了开发培训的难度。例如表 9－2，实现同一机器人运动的动作，ABB 与 KUKA 所使用的编程代码完全不同。

表 9－1 不同工业机器人的编程语言

机器人品牌	程序语言名称
ABB（阿西亚—布朗勃法瑞）	RAPID
Comau（柯马）	PDL2
FANAC（发那科）	Karel
KAWASAKI（川崎）	AS
KUKA（库卡）	KRL
Stäubli（史陶比尔）	VAL3
YASKAWA（安川）	Inform

资料来源：Fabryka robotów，2015。

表 9－2 两种不同的程序语言（ABB 与 KUKA）执行相同的机器人运动

ABB RAPID	KUKA KRL
MoveAbsJ jpHome，vmax，fine，GR01_W1_Tool \\ Wobj：=B01_ 02FX02；	PTP HOME Vel = 100 % DEFAULT PTP LHP005 CONT Vel = 100 % PDAT2
MoveJ LHP005，vmax，z200，GR01_W1_Tool \\ Wobj：=B01_ 02FX02；	Tool [1]：GR01_ W1_ Tool Base [1]：B01_ 02FX02 PTP LHP010 CONT Vel = 100 % PDAT3
MoveJ LHP010，vmax，z200，GR01_W1_Tool \\ Wobj：=B01_ 02FX02；	Tool [1]：GR01_ W1_ Tool Base [1]：B01_ 02FX02
! Drop position	; Drop position
MoveL LBH_02fx02，v500，fine，GR01_W1_Tool \\ Wobj：=B01_ 02FX02；	LIN LBH_ 02fx02 Vel = 0.5 m/s CPDAT8 Tool [1]：GR01_ W1_ Tool Base [1]：B01_ 02FX02
! Some logic instructions	; Some logic instructions

资料来源：Fabryka robotów，2015。

2. 现有机器人操作培训与市场需求存在显著差距

随着机器人在企业中参与生产的占比越来越高，随之而来的机器人人才需求也越来越大。然而，目前的人才培训体系仍不完备，尤其是针对机器人操作领域的培训与市场需求存在错位。

（1）大多操作培训缺乏实操性

目前市面上的一些机器人操作培训，都是在大学“机器人工程”专业课程的基础上，去掉了学习成本较高的工科和专业基础课，仅设置机器人专业相关课程，并增添了部分实操内容。这使得受训者既无法了解机器人的核心原理和相关控制理论知识，又无法系统性地学习机器人操作相关内容。这类机器人操作培训的培训目的不明确，培养目标不清晰。

大学的“机器人工程”是典型的学科综合与交叉的专业，涉及控制科学、机械工程、计算机科学与技术、材料科学甚至生物工程等多个学科。机器人工程专业毕业的学生主要从事机器人、人工智能、智能制造等领域内的整体系统设计、核心零部件开发和智能算法研发工作，以及机器人相关应用领域的科学研究、技术开发、应用维护和管理等工作。以浙江大学控制科学与工程学院机器人工程专业为例，从表9－3可以看出，大学培养目标是培养机器人研究与开发的技术人员，而不是机器人的操作员。

表9－3 **机器人工程—课程介绍**

机器人工程—课程介绍			
工科基础课	专业基础课	专业核心课	专业拓展课
微积分或数学分析	自动控制原理	机器人与人工智能导论	机器人前沿
大学物理	嵌入式系统	机器人学	空中机器人
模拟与数字电子技术	工程力学	机器人传感技术	仿生机器人与智能材料

续表

机器人工程—课程介绍			
工科基础课	专业基础课	专业核心课	专业拓展课
计算机基础		机器视觉	计算机控制系统设计与实践
		机器人驱动与控制	
		人工智能与机器学习	

资料来源：浙江大学控制科学与工程学院，2022 年。

（2）机器人操作培训缺乏通用性

各家大机器人制造商根据编程语言和示教器的特点，针对自家的机器人“量身定制”的机器人培训课程，针对不同岗位（操作工、维修工程师和工艺工程师）定制不同的培训路线，从基本的机器人操作到应用编程，从机器人维修到故障排除，培养目标清晰明确（见图 9－2）。但不同厂家之间的课程缺乏通用性，操作者如果更换操作机器人的品牌，基本需要重新学习操作方法。

3. 培训对象基础薄弱

机器人相关的培训需要受训者掌握基本的机器人操作知识，读懂机器人运行中的参数，甚至掌握简单的机器人编程知识。在最基本的机器人操作中，也需要受训者拥有基本的机械与电气知识，了解空间坐标系和坐标变换。可以说，机器人相关培训对象至少要拥有大学专科及以上学历。

但通过 2021 年中国劳动统计年鉴中的“全国按职业、性别分的就业人员受教育程度构成”统计数据可以看出，从事“生产运输设备操作人员及有关人员”拥有小学至高中学历的占比总和高达 91.9%，而且占比最高的是初中学历，为 59.3%；其次为高中和小学学历，依次为16.8%和15.8%；而大学专科以上人员占比只占7%。

现阶段存在的机器人培训需要受培训者所拥有的教育背景与实际参与生产运输的劳动者的教育背景差异巨大，这是如何开发机器人培训的一个重要问题。

（三）加强机器人操作培训实现就业促进

在当前机器人技术发展的初期阶段，机器人操作相关的培训任重而道远。希望通过本研究提出的问题和解决建议，可以为中国机器人培训行业扩展新的思路。

1. 明确操作培训目标人群

现阶段机器人操作培训的目标人群可以分为以下几类：机器人操作者、机器人机械/电气工程师、机器人工艺工程师以及机器人项目工程师/项目经理等。针对不同的目标人群，机器人培训的课程应“对症下药”。

针对机器人操作者，可以开设机器人基础结构知识，机器人坐标系简单分类和变换，以及简单的编程指令（例如TCP工具中心回零位）。

针对机器人机械/电气工程师，可以在机器人操作者课程的基础上，添加机器人机械与电气原理相关内容，以及机器人控制序列和传感器的相关知识。

针对机器人工艺工程师，可以在机器人操作者课程和部分机器人机械/电气工程师课程的基础上，添加稍微复杂的机器人编程内容，以及更加深入的机器人坐标系的相关内容。

针对机器人项目工程师/经理，可以在机器人操作者课程的基础上，设置机器人分类，各种类型机器人的主要特点和参数，以及机器人投资的考虑因素等内容。

不同目标人群定制不同的培养路线，才能在培训课程开发初期，灵活地开发难易程度不同的培训课程内容，以让受训者有由浅入深、由易到难的听课感受。

2. 开发通用性的课程

不同机器人品牌的操作方式、编程语言和使用技巧都有所不同，但机器人的基本原理差异不大，区别主要表现在操作方式上。因此，开发通用性机器人操作课程虽有难度，但仍具有可行性。对于通用课程开发者来说，熟悉至少三种不同品牌的机器人的操作方式和编程语言是基础。机器人的编程语言大多基于计算机的底层语言，因此也需要拥有计算机编程语言的基础。在课程设计中，要注意总结相通的机器人操作逻辑和使用技巧。

3. 降低培训内容学习难度

由于需要进行机器人培训的目标群体学历背景偏低，因此在开发培训课程的过程中，一定要避免知识复杂、讲解死板和方式陈旧。尽量能举例说明就不陈述定义，能看图片或视频解释就不使用文字，并且使用的例子或图片尽可能地贴近目标群体的生活。同时在授课时，应先消除目标群体对学习机器人知识的惧怕和排斥心理，用浅显易懂的课程令目标群体获得学习的信心。

各大机器人制造商已经开始优化编程的易用性。例如市面上已经投入使用的协作机器人的编程方式，以及从原始的文本编程（代码编程）转变成图形编程（仅针对非复杂的机器人运动轨迹），操作者通过简单地拖动“逻辑块”即可实现复杂的编程指令，对于图形编程进行通用性总结，深入浅出地传授给培训对象，以降低机器人操作的难度。

附　录

表 A－1　　2019—2021 年北京市各行业新技术吸聚力[①]

行业	遗漏增长（Hall）	新技术吸聚力		排名
		贡献值	占比（%）	
制造业	1.43330	0.45106	40.08	1
餐饮	1.66933	0.32591	28.96	2
零售	1.22554	0.17091	15.18	3
批发	0.65899	0.06769	6.01	4
信息 ICT	0.69609	0.03380	3.00	5
金融银行保险	0.76909	0.03255	2.89	6
艺术娱乐	0.64360	0.01544	1.37	7
采矿	0.34504	0.00941	0.84	8
酒店与住宿	0.47371	0.00637	0.57	9
生产性服务业	0.27096	0.00373	0.33	10
交通	0.24620	0.00294	0.26	11
教育	0.07191	0.00227	0.20	12
医疗卫生	0.11820	0.00172	0.15	13
公共事业	0.09036	0.00100	0.09	14
企业管理	0.09838	0.00066	0.06	15
房地产及建材	0.02245	0.00006	0.01	16
总计[②]	1.12552			

① 受百度指数公式 $Y = ax + b$ 中常数项 b 的累加干扰，直辖市的测算结果在省际层面和城市层面上并非保持一致；考虑到直辖市自身在城市层面上的优先级，本报告选择以城市层面测算结果作为直辖市的统一归类；下同。

② 此处的总计指新技术吸聚力（贡献值）之和，下同。

表 A－2　　2019—2021 年天津市各行业新技术吸聚力

行业	遗漏增长（Hall）	新技术吸聚力		排名
		贡献值	占比（%）	
餐饮	1.38463	0.45144	41.55	1
制造业	1.59374	0.31524	29.01	2
零售	1.11408	0.13927	12.82	3
批发	0.64874	0.07487	6.89	4
金融银行保险	0.69743	0.03983	3.67	5
信息 ICT	0.76072	0.03687	3.39	6
酒店与住宿	0.29844	0.00740	0.68	7
采矿	0.43177	0.00593	0.55	8
艺术娱乐	0.40485	0.00548	0.50	9
生产性服务业	0.26363	0.00408	0.38	10
交通	0.21920	0.00260	0.24	11
医疗卫生	0.09798	0.00127	0.12	12
公共事业	0.08939	0.00114	0.10	13
教育	0.04527	0.00077	0.07	14
企业管理	0.05048	0.00018	0.02	15
房地产及建材	0.03057	0.00014	0.01	16
总计	1.08651			

表 A－3　　2019—2021 年河北省各行业新技术吸聚力

行业	遗漏增长（Hall）	新技术吸聚力		排名
		贡献值	占比（%）	
餐饮	1.54463	0.28528	27.56	1
制造业	1.23408	0.28160	27.20	2
零售	1.23441	0.21140	20.42	3
批发	0.74630	0.13069	12.62	4
金融银行保险	0.86523	0.05661	5.47	5
信息 ICT	0.71734	0.04470	4.32	6

续表

行业	遗漏增长（Hall）	新技术吸聚力		排名
		贡献值	占比（%）	
艺术娱乐	0.57084	0.01344	1.30	7
生产性服务业	0.27569	0.00468	0.45	8
交通	0.19063	0.00192	0.19	9
采矿	0.14801	0.00134	0.13	10
医疗卫生	0.09508	0.00121	0.12	11
公共事业	0.08791	0.00112	0.11	12
教育	0.04378	0.00072	0.07	13
酒店与住宿	0.10164	0.00024	0.02	14
房地产及建材	0.03800	0.00024	0.02	15
企业管理	0.03928	0.00011	0.01	16
总计	1.03530			

表 A-4　2019—2021 年山西省各行业新技术吸聚力

行业	遗漏增长（Hall）	新技术吸聚力		排名
		贡献值	占比（%）	
制造业	1.22460	0.28017	28.12	1
零售	1.28987	0.25872	25.97	2
餐饮	1.29657	0.15092	15.15	3
批发	0.72821	0.12196	12.24	4
金融银行保险	1.01296	0.09847	9.88	5
信息 ICT	0.80416	0.06673	6.70	6
艺术娱乐	0.39846	0.00556	0.56	7
生产性服务业	0.29090	0.00551	0.55	8
采矿	0.21307	0.00329	0.33	9
交通	0.19016	0.00196	0.20	10
医疗卫生	0.09297	0.00118	0.12	11
公共事业	0.08345	0.00102	0.10	12

续表

行业	遗漏增长（Hall）	新技术吸聚力		排名
		贡献值	占比（%）	
教育	0.04170	0.00066	0.07	13
房地产及建材	0.02606	0.00011	0.01	14
企业管理	0.03465	0.00008	0.01	15
酒店与住宿	0.03485	0.00003	0.00	16
总计	0.99637			

表 A-5　　2019—2021 年内蒙古自治区各行业新技术吸聚力

行业	遗漏增长（Hall）	新技术吸聚力		排名
		贡献值	占比（%）	
制造业	1.24454	0.33960	34.51	1
零售	1.22423	0.23825	24.21	2
餐饮	1.33929	0.19243	19.55	3
批发	0.69786	0.11736	11.92	4
信息 ICT	0.74834	0.05963	6.06	5
金融银行保险	0.60420	0.02253	2.29	6
生产性服务业	0.27996	0.00566	0.58	7
交通	0.19691	0.00241	0.24	8
艺术娱乐	0.23217	0.00179	0.18	9
医疗卫生	0.08984	0.00123	0.13	10
公共事业	0.08335	0.00115	0.12	11
采矿	0.12252	0.00102	0.10	12
教育	0.04163	0.00074	0.08	13
房地产及建材	0.02990	0.00016	0.02	14
酒店与住宿	0.06256	0.00010	0.01	15
企业管理	0.03532	0.00010	0.01	16
总计	0.98416			

表 A-6　　2019—2021 年辽宁省各行业新技术吸聚力

行业	遗漏增长（Hall）	新技术吸聚力		排名
		贡献值	占比（%）	
制造业	1.23790	0.28396	28.39	1
餐饮	1.51121	0.26041	26.03	2
零售	1.17058	0.17138	17.13	3
批发	0.77473	0.15105	15.10	4
金融银行保险	0.89134	0.06205	6.20	5
信息 ICT	0.67670	0.03705	3.70	6
艺术娱乐	0.53289	0.01117	1.12	7
酒店与住宿	0.50738	0.00906	0.91	8
生产性服务业	0.29864	0.00570	0.57	9
采矿	0.22194	0.00352	0.35	10
交通	0.18432	0.00176	0.18	11
医疗卫生	0.09545	0.00122	0.12	12
公共事业	0.08329	0.00098	0.10	13
教育	0.04576	0.00081	0.08	14
房地产及建材	0.02935	0.00013	0.01	15
企业管理	0.03674	0.00009	0.01	16
总计	1.00034			

表 A-7　　2019—2021 年吉林省各行业新技术吸聚力

行业	遗漏增长（Hall）	新技术吸聚力		排名
		贡献值	占比（%）	
餐饮	1.45267	0.24012	25.97	1
批发	0.82783	0.21352	23.09	2
零售	1.18940	0.19588	21.19	3
制造业	0.96610	0.11685	12.64	4
金融银行保险	0.88777	0.06586	7.12	5
信息 ICT	0.78494	0.06413	6.94	6

续表

行业	遗漏增长（Hall）	新技术吸聚力		排名
		贡献值	占比（%）	
艺术娱乐	0.40614	0.00607	0.66	7
采矿	0.26696	0.00606	0.66	8
生产性服务业	0.28946	0.00566	0.61	9
酒店与住宿	0.37253	0.00457	0.49	10
交通	0.19654	0.00220	0.24	11
公共事业	0.09262	0.00136	0.15	12
医疗卫生	0.09210	0.00120	0.13	13
教育	0.04322	0.00075	0.08	14
房地产及建材	0.03769	0.00025	0.03	15
企业管理	0.03864	0.00011	0.01	16
总计	0.92459			

表 A-8　　2019—2021 年黑龙江省各行业新技术吸聚力

行业	遗漏增长（Hall）	新技术吸聚力		排名
		贡献值	占比（%）	
餐饮	1.49823	0.25269	25.70	1
零售	1.26261	0.23100	23.49	2
制造业	1.12909	0.19626	19.96	3
批发	0.81766	0.18925	19.25	4
信息 ICT	0.77469	0.05732	5.83	5
金融银行保险	0.61540	0.02036	2.07	6
艺术娱乐	0.63724	0.01805	1.84	7
采矿	0.29245	0.00719	0.73	8
生产性服务业	0.27899	0.00482	0.49	9
交通	0.18863	0.00187	0.19	10
酒店与住宿	0.20851	0.00114	0.12	11
医疗卫生	0.09240	0.00113	0.11	12

续表

行业	遗漏增长（Hall）	新技术吸聚力		排名
		贡献值	占比（%）	
公共事业	0.08563	0.00105	0.11	13
教育	0.04247	0.00067	0.07	14
房地产及建材	0.04567	0.00036	0.04	15
企业管理	0.03502	0.00008	0.01	16
总计	0.98324			

表 A-9　　2019—2021 年上海市各行业新技术吸聚力

行业	遗漏增长（Hall）	新技术吸聚力		排名
		贡献值	占比（%）	
制造业	1.42094	0.50853	46.65	1
餐饮	1.60697	0.32658	29.96	2
零售	0.98947	0.09119	8.37	3
批发	0.61269	0.06110	5.61	4
信息 ICT	0.68073	0.03698	3.39	5
金融银行保险	0.74631	0.03485	3.20	6
艺术娱乐	0.30498	0.00786	0.72	7
采矿	0.43071	0.00639	0.59	8
生产性服务业	0.27342	0.00447	0.41	9
交通	0.25192	0.00365	0.33	10
酒店与住宿	0.32216	0.00296	0.27	11
医疗卫生	0.11728	0.00198	0.18	12
教育	0.05606	0.00134	0.12	13
公共事业	0.09421	0.00129	0.12	14
企业管理	0.09645	0.00073	0.07	15
房地产及建材	0.02243	0.00007	0.01	16
总计	1.08997			

表 A－10　　2019—2021 年江苏省各行业新技术吸聚力

行业	遗漏增长（Hall）	新技术吸聚力		排名
		贡献值	占比（%）	
制造业	1. 42208	0. 50136	45. 13	1
餐饮	1. 65093	0. 35858	32. 28	2
零售	0. 99173	0. 09029	8. 13	3
批发	0. 61245	0. 05993	5. 39	4
信息 ICT	0. 68078	0. 03634	3. 27	5
金融银行保险	0. 75323	0. 03520	3. 17	6
艺术娱乐	0. 43902	0. 00658	0. 59	7
采矿	0. 28351	0. 00635	0. 57	8
生产性服务业	0. 27666	0. 00452	0. 41	9
交通	0. 25200	0. 00359	0. 32	10
酒店与住宿	0. 31938	0. 00285	0. 26	11
医疗卫生	0. 11760	0. 00196	0. 18	12
教育	0. 05604	0. 00131	0. 12	13
公共事业	0. 09472	0. 00129	0. 12	14
企业管理	0. 09695	0. 00073	0. 07	15
房地产及建材	0. 02207	0. 00007	0. 01	16
总计	1. 05268			

表 A－11　　2019—2021 年浙江省各行业新技术吸聚力

行业	遗漏增长（Hall）	新技术吸聚力		排名
		贡献值	占比（%）	
制造业	1. 39647	0. 47281	44. 80	1
餐饮	1. 42640	0. 20536	19. 46	2
零售	1. 11172	0. 13927	13. 20	3
批发	0. 70224	0. 10134	9. 60	4
金融银行保险	0. 93060	0. 07054	6. 68	5
信息 ICT	0. 68062	0. 03720	3. 52	6

续表

行业	遗漏增长（Hall）	新技术吸聚力		排名
		贡献值	占比（%）	
艺术娱乐	0.62052	0.01650	1.56	7
生产性服务业	0.27575	0.00460	0.44	8
交通	0.21050	0.00238	0.23	9
医疗卫生	0.09880	0.00130	0.12	10
酒店与住宿	0.20496	0.00107	0.10	11
公共事业	0.08373	0.00098	0.09	12
教育	0.04802	0.00090	0.09	13
采矿	0.11776	0.00078	0.07	14
企业管理	0.05374	0.00020	0.02	15
房地产及建材	0.02419	0.00009	0.01	16
总计	1.05532			

表 A-12　　2019—2021 年安徽省各行业新技术吸聚力

行业	遗漏增长（Hall）	新技术吸聚力		排名
		贡献值	占比（%）	
餐饮	1.75526	0.53931	51.49	1
零售	1.08294	0.14317	13.67	2
批发	0.74244	0.14229	13.58	3
金融银行保险	0.90119	0.07180	6.86	4
制造业	0.80135	0.06383	6.09	5
信息 ICT	0.68346	0.04265	4.07	6
艺术娱乐	0.61948	0.01859	1.77	7
酒店与住宿	0.57267	0.01380	1.32	8
生产性服务业	0.27525	0.00518	0.49	9
交通	0.21037	0.00269	0.26	10
医疗卫生	0.09440	0.00132	0.13	11
公共事业	0.08348	0.00110	0.11	12

续表

行业	遗漏增长（Hall）	新技术吸聚力		排名
		贡献值	占比（%）	
教育	0.04628	0.00093	0.09	13
采矿	0.08472	0.00043	0.04	14
企业管理	0.04804	0.00018	0.02	15
房地产及建材	0.03114	0.00017	0.02	16
总计	1.04744			

表 A-13　　2019—2021 年福建省各行业新技术吸聚力

行业	遗漏增长（Hall）	新技术吸聚力		排名
		贡献值	占比（%）	
餐饮	1.59280	0.29833	28.84	1
零售	1.25110	0.20597	19.91	2
批发	0.83753	0.19362	18.72	3
制造业	1.11196	0.17092	16.52	4
金融银行保险	1.04507	0.09880	9.55	5
信息 ICT	0.72688	0.04309	4.17	6
艺术娱乐	0.54117	0.01079	1.04	7
生产性服务业	0.28971	0.00490	0.47	8
交通	0.19407	0.00185	0.18	9
酒店与住宿	0.23618	0.00138	0.13	10
公共事业	0.09757	0.00134	0.13	11
采矿	0.15089	0.00130	0.13	12
医疗卫生	0.09968	0.00125	0.12	13
教育	0.04608	0.00076	0.07	14
企业管理	0.03902	0.00010	0.01	15
房地产及建材	0.02340	0.00008	0.01	16
总计	1.03448			

表 A－14　　2019—2021 年江西省各行业新技术吸聚力

行业	遗漏增长（Hall）	新技术吸聚力		排名
		贡献值	占比（%）	
餐饮	1. 48456	0. 31093	33. 87	1
零售	1. 16627	0. 21634	23. 57	2
批发	0. 74226	0. 16304	17. 76	3
制造业	0. 82018	0. 07903	8. 61	4
金融银行保险	0. 87541	0. 07493	8. 16	5
信息 ICT	0. 65207	0. 04231	4. 61	6
艺术娱乐	0. 57440	0. 01741	1. 90	7
生产性服务业	0. 27021	0. 00567	0. 62	8
交通	0. 19028	0. 00243	0. 26	9
医疗卫生	0. 09651	0. 00160	0. 17	10
公共事业	0. 08618	0. 00136	0. 15	11
酒店与住宿	0. 18259	0. 00108	0. 12	12
教育	0. 04340	0. 00090	0. 10	13
采矿	0. 10288	0. 00075	0. 08	14
房地产及建材	0. 02725	0. 00014	0. 02	15
企业管理	0. 03173	0. 00009	0. 01	16
总计	0. 91801			

表 A－15　　2019—2021 年山东省各行业新技术吸聚力

行业	遗漏增长（Hall）	新技术吸聚力		排名
		贡献值	占比（%）	
餐饮	1. 65812	0. 39120	37. 32	1
零售	1. 24778	0. 22648	21. 61	2
制造业	1. 08906	0. 17518	16. 71	3
批发	0. 72190	0. 11785	11. 24	4
金融银行保险	0. 89783	0. 06554	6. 25	5
信息 ICT	0. 71343	0. 04511	4. 30	6

续表

行业	遗漏增长（Hall）	新技术吸聚力		排名
		贡献值	占比（%）	
艺术娱乐	0.53298	0.01153	1.10	7
生产性服务业	0.27313	0.00469	0.45	8
采矿	0.22307	0.00368	0.35	9
交通	0.19115	0.00198	0.19	10
酒店与住宿	0.25137	0.00177	0.17	11
医疗卫生	0.09303	0.00118	0.11	12
公共事业	0.08521	0.00107	0.10	13
教育	0.04206	0.00067	0.06	14
房地产及建材	0.03342	0.00018	0.02	15
企业管理	0.04007	0.00011	0.01	16
总计	1.04822			

表 A-16 2019—2021 年河南省各行业新技术吸聚力

行业	遗漏增长（Hall）	新技术吸聚力		排名
		贡献值	占比（%）	
制造业	1.26485	0.30425	29.94	1
零售	1.26958	0.23022	22.65	2
餐饮	1.42123	0.20100	19.78	3
批发	0.78921	0.15939	15.68	4
金融银行保险	0.84160	0.05049	4.97	5
信息 ICT	0.73341	0.04675	4.60	6
艺术娱乐	0.54801	0.01176	1.16	7
生产性服务业	0.28148	0.00480	0.47	8
采矿	0.18920	0.00233	0.23	9
交通	0.18851	0.00182	0.18	10
医疗卫生	0.09436	0.00116	0.11	11
公共事业	0.08552	0.00102	0.10	12

续表

行业	遗漏增长（Hall）	新技术吸聚力		排名
		贡献值	占比（%）	
教育	0. 04152	0. 00062	0. 06	13
酒店与住宿	0. 11695	0. 00032	0. 03	14
房地产及建材	0. 03885	0. 00024	0. 02	15
企业管理	0. 03622	0. 00009	0. 01	16
总计	1. 01626			

表 A－17　　2019—2021 年湖北省各行业新技术吸聚力

行业	遗漏增长（Hall）	新技术吸聚力		排名
		贡献值	占比（%）	
制造业	1. 30758	0. 36523	34. 72	1
餐饮	1. 50673	0. 26230	24. 94	2
零售	1. 21309	0. 20035	19. 05	3
批发	0. 69904	0. 10293	9. 79	4
金融银行保险	0. 88697	0. 06224	5. 92	5
信息 ICT	0. 70061	0. 04209	4. 00	6
生产性服务业	0. 27010	0. 00451	0. 43	7
艺术娱乐	0. 36402	0. 00441	0. 42	8
交通	0. 20115	0. 00221	0. 21	9
采矿	0. 17810	0. 00210	0. 20	10
医疗卫生	0. 09531	0. 00124	0. 12	11
公共事业	0. 08457	0. 00104	0. 10	12
教育	0. 04765	0. 00091	0. 09	13
企业管理	0. 04985	0. 00018	0. 02	14
房地产及建材	0. 02384	0. 00009	0. 01	15
酒店与住宿	0. 03621	0. 00003	0. 00	16
总计	1. 05186			

表 A－18　　　　2019—2021 年湖南省各行业新技术吸聚力

行业	遗漏增长（Hall）	新技术吸聚力		排名
		贡献值	占比（%）	
制造业	1. 24264	0. 30269	29. 45	1
餐饮	1. 51159	0. 27345	26. 60	2
零售	1. 18656	0. 18934	18. 42	3
批发	0. 73126	0. 12601	12. 26	4
金融银行保险	0. 93853	0. 07718	7. 51	5
信息 ICT	0. 70853	0. 04489	4. 37	6
生产性服务业	0. 26784	0. 00455	0. 44	7
艺术娱乐	0. 27461	0. 00235	0. 23	8
交通	0. 19398	0. 00209	0. 20	9
采矿	0. 17469	0. 00207	0. 20	10
医疗卫生	0. 09806	0. 00136	0. 13	11
公共事业	0. 08657	0. 00113	0. 11	12
教育	0. 04244	0. 00070	0. 07	13
企业管理	0. 03448	0. 00008	0. 01	14
房地产及建材	0. 02262	0. 00008	0. 01	15
酒店与住宿	0. 02203	0. 00001	0. 00	16
总计	1. 02798			

表 A－19　　　　2019—2021 年广东省各行业新技术吸聚力

行业	遗漏增长（Hall）	新技术吸聚力		排名
		贡献值	占比（%）	
制造业	1. 59905	0. 66727	54. 83	1
餐饮	1. 50861	0. 18924	15. 55	2
零售	1. 21828	0. 14625	12. 02	3
批发	0. 77855	0. 11274	9. 26	4
金融银行保险	0. 93013	0. 05224	4. 29	5
信息 ICT	0. 67664	0. 02710	2. 23	6

续表

行业	遗漏增长（Hall）	新技术吸聚力		排名
		贡献值	占比（%）	
艺术娱乐	0.54397	0.00862	0.71	7
采矿	0.28555	0.00492	0.40	8
生产性服务业	0.27472	0.00338	0.28	9
交通	0.20016	0.00157	0.13	10
医疗卫生	0.10898	0.00123	0.10	11
酒店与住宿	0.21722	0.00091	0.07	12
公共事业	0.08615	0.00078	0.06	13
教育	0.04665	0.00062	0.05	14
企业管理	0.04487	0.00010	0.01	15
房地产及建材	0.02650	0.00008	0.01	16
总计	1.21705			

表 A-20　2019—2021 年广西壮族自治区各行业新技术吸聚力

行业	遗漏增长（Hall）	新技术吸聚力		排名
		贡献值	占比（%）	
零售	1.26492	0.23173	22.89	1
餐饮	1.46602	0.23124	22.84	2
制造业	1.17256	0.22724	22.44	3
批发	0.76493	0.14347	14.17	4
金融银行保险	1.03036	0.10123	10.00	5
信息 ICT	0.74637	0.05054	4.99	6
酒店与住宿	0.53193	0.01021	1.01	7
艺术娱乐	0.43188	0.00656	0.65	8
生产性服务业	0.28744	0.00517	0.51	9
交通	0.18539	0.00179	0.18	10
医疗卫生	0.09365	0.00116	0.11	11
公共事业	0.08453	0.00102	0.10	12

续表

行业	遗漏增长（Hall）	新技术吸聚力		排名
		贡献值	占比（%）	
教育	0.03973	0.00057	0.06	13
采矿	0.09615	0.00051	0.05	14
房地产及建材	0.02702	0.00011	0.01	15
企业管理	0.02507	0.00004	0.00	16
总计	1.01259			

表 A－21　　2019—2021 年海南省各行业新技术吸聚力

行业	遗漏增长（Hall）	新技术吸聚力		排名
		贡献值	占比（%）	
金融银行保险	1.34308	0.28447	27.50	1
制造业	1.16405	0.22791	22.03	2
餐饮	1.42425	0.21377	20.67	3
零售	1.13066	0.15525	15.01	4
批发	0.65265	0.08075	7.81	5
信息 ICT	0.73377	0.04940	4.78	6
采矿	0.31399	0.00896	0.87	7
艺术娱乐	0.37060	0.00467	0.45	8
生产性服务业	0.26237	0.00425	0.41	9
交通	0.18423	0.00182	0.18	10
医疗卫生	0.09489	0.00124	0.12	11
公共事业	0.08442	0.00105	0.10	12
教育	0.04119	0.00064	0.06	13
房地产及建材	0.02201	0.00007	0.01	14
企业管理	0.02637	0.00005	0.00	15
酒店与住宿	0.02655	0.00002	0.00	16
总计	1.03432			

表 A－22　　2019—2021 年四川省各行业新技术吸聚力

行业	遗漏增长（Hall）	新技术吸聚力		排名
		贡献值	占比（%）	
餐饮	1.61787	0.38242	36.18	1
制造业	1.24730	0.32718	30.96	2
零售	1.10636	0.15485	14.65	3
批发	0.62221	0.07350	6.95	4
金融银行保险	0.80028	0.04916	4.65	5
信息 ICT	0.70529	0.04708	4.45	6
艺术娱乐	0.50022	0.01059	1.00	7
生产性服务业	0.27559	0.00519	0.49	8
交通	0.20625	0.00256	0.24	9
医疗卫生	0.09887	0.00148	0.14	10
公共事业	0.08428	0.00113	0.11	11
教育	0.04414	0.00082	0.08	12
采矿	0.08604	0.00044	0.04	13
酒店与住宿	0.09774	0.00025	0.02	14
企业管理	0.04753	0.00018	0.02	15
房地产及建材	0.02509	0.00011	0.01	16
总计	1.05694			

表 A－23　　2019—2021 年贵州省各行业新技术吸聚力

行业	遗漏增长（Hall）	新技术吸聚力		排名
		贡献值	占比（%）	
餐饮	1.61681	0.40335	39.56	1
零售	1.15940	0.19508	19.13	2
制造业	1.02657	0.16026	15.72	3
批发	0.69216	0.11485	11.26	4
金融银行保险	0.94105	0.08764	8.60	5
信息 ICT	0.67734	0.04386	4.30	6

续表

行业	遗漏增长（Hall）	新技术吸聚力		排名
		贡献值	占比（%）	
生产性服务业	0. 29040	0. 00627	0. 61	7
交通	0. 19046	0. 00225	0. 22	8
医疗卫生	0. 09025	0. 00126	0. 12	9
艺术娱乐	0. 19366	0. 00121	0. 12	10
公共事业	0. 08412	0. 00119	0. 12	11
采矿	0. 12417	0. 00106	0. 10	12
教育	0. 03880	0. 00063	0. 06	13
酒店与住宿	0. 13666	0. 00054	0. 05	14
房地产及建材	0. 02184	0. 00008	0. 01	15
企业管理	0. 02743	0. 00006	0. 01	16
总计	1. 01959			

表 A－24　　2019—2021 年云南省各行业新技术吸聚力

行业	遗漏增长（Hall）	新技术吸聚力		排名
		贡献值	占比（%）	
制造业	1. 26830	0. 37364	40. 65	1
零售	1. 07112	0. 14643	15. 93	2
批发	0. 71070	0. 12782	13. 91	3
餐饮	1. 12672	0. 10665	11. 60	4
金融银行保险	0. 92044	0. 08194	8. 91	5
信息 ICT	0. 74108	0. 05869	6. 39	6
生产性服务业	0. 31712	0. 00791	0. 86	7
采矿	0. 24620	0. 00544	0. 59	8
艺术娱乐	0. 35243	0. 00476	0. 52	9
交通	0. 20001	0. 00254	0. 28	10
医疗卫生	0. 09199	0. 00132	0. 14	11
公共事业	0. 08301	0. 00116	0. 13	12

续表

行业	遗漏增长（Hall）	新技术吸聚力		排名
		贡献值	占比（%）	
教育	0.03842	0.00062	0.07	13
房地产及建材	0.02706	0.00013	0.01	14
企业管理	0.02994	0.00007	0.01	15
酒店与住宿	0.03721	0.00004	0.00	16
总计	0.91916			

表 A－25　　2019—2021 年西藏自治区各行业新技术吸聚力

行业	遗漏增长（Hall）	新技术吸聚力		排名
		贡献值	占比（%）	
制造业	0.94194	0.19534	27.53	1
零售	0.97873	0.17635	24.86	2
批发	0.57015	0.09563	13.48	3
餐饮	0.92454	0.09375	13.21	4
信息 ICT	0.66267	0.06834	9.63	5
金融银行保险	0.70080	0.05801	8.18	6
生产性服务业	0.27682	0.00926	1.31	7
交通	0.18846	0.00366	0.52	8
艺术娱乐	0.23286	0.00304	0.43	9
医疗卫生	0.09342	0.00227	0.32	10
公共事业	0.08336	0.00193	0.27	11
教育	0.03631	0.00090	0.13	12
酒店与住宿	0.11565	0.00063	0.09	13
房地产及建材	0.03181	0.00031	0.04	14
企业管理	0.02221	0.00006	0.01	15
采矿	0.01231	0.00001	0.00	16
总计	0.70949			

表 A－26　　2019—2021 年重庆市各行业新技术吸聚力

行业	遗漏增长（Hall）	新技术吸聚力		排名
		贡献值	占比（%）	
餐饮	1. 31869	0. 37309	33. 58	1
制造业	1. 64995	0. 37286	33. 56	2
零售	1. 16028	0. 16630	14. 97	3
批发	0. 63842	0. 07245	6. 52	4
金融银行保险	0. 87989	0. 05971	5. 37	5
信息 ICT	0. 74526	0. 05048	4. 54	6
艺术娱乐	0. 39341	0. 00524	0. 47	7
生产性服务业	0. 26280	0. 00415	0. 37	8
交通	0. 20942	0. 00239	0. 22	9
医疗卫生	0. 10450	0. 00152	0. 14	10
公共事业	0. 08421	0. 00101	0. 09	11
采矿	0. 12147	0. 00085	0. 08	12
教育	0. 04425	0. 00074	0. 07	13
企业管理	0. 05147	0. 00019	0. 02	14
房地产及建材	0. 02359	0. 00008	0. 01	15
酒店与住宿	0. 02563	0. 00001	0. 00	16
总计	1. 11107			

表 A－27　　2019—2021 年陕西省各行业新技术吸聚力

行业	遗漏增长（Hall）	新技术吸聚力		排名
		贡献值	占比（%）	
制造业	1. 30705	0. 39267	38. 38	1
餐饮	1. 41770	0. 22331	21. 83	2
零售	1. 19857	0. 20594	20. 13	3
金融银行保险	0. 87453	0. 06403	6. 26	4
批发	0. 59452	0. 06158	6. 02	5
信息 ICT	0. 71717	0. 04881	4. 77	6

续表

行业	遗漏增长（Hall）	新技术吸聚力		排名
		贡献值	占比（%）	
艺术娱乐	0.51320	0.01112	1.09	7
生产性服务业	0.28279	0.00545	0.53	8
采矿	0.22979	0.00422	0.41	9
交通	0.19978	0.00234	0.23	10
医疗卫生	0.09861	0.00144	0.14	11
公共事业	0.08506	0.00113	0.11	12
教育	0.04330	0.00077	0.08	13
企业管理	0.04736	0.00017	0.02	14
房地产及建材	0.02811	0.00013	0.01	15
酒店与住宿	0.01047	0.00000	0.00	16
总计	1.02311			

表 A－28　　2019—2021 年甘肃省各行业新技术吸聚力

行业	遗漏增长（Hall）	新技术吸聚力		排名
		贡献值	占比（%）	
餐饮	1.49050	0.28377	28.65	1
零售	1.22326	0.23362	23.59	2
制造业	1.12805	0.22409	22.63	3
批发	0.66637	0.09711	9.81	4
金融银行保险	0.90865	0.07602	7.68	5
信息 ICT	0.73316	0.05489	5.54	6
生产性服务业	0.29466	0.00634	0.64	7
艺术娱乐	0.40003	0.00625	0.63	8
交通	0.19849	0.00241	0.24	9
采矿	0.17026	0.00213	0.22	10
医疗卫生	0.09148	0.00126	0.13	11
公共事业	0.08370	0.00114	0.12	12

续表

行业	遗漏增长（Hall）	新技术吸聚力		排名
		贡献值	占比（%）	
教育	0.03975	0.00065	0.07	13
酒店与住宿	0.12306	0.00042	0.04	14
房地产及建材	0.02608	0.00012	0.01	15
企业管理	0.02681	0.00005	0.01	16
总计	0.99027			

表 A-29　2019—2021 年青海省各行业新技术吸聚力

行业	遗漏增长（Hall）	新技术吸聚力		排名
		贡献值	占比（%）	
制造业	0.96988	0.17349	23.28	1
零售	0.98764	0.14554	19.53	2
餐饮	1.07504	0.12093	16.23	3
批发	0.63532	0.11168	14.99	4
信息 ICT	0.69828	0.06433	8.63	5
酒店与住宿	0.78897	0.04680	6.28	6
金融银行保险	0.67448	0.04149	5.57	7
艺术娱乐	0.57541	0.02151	2.89	8
生产性服务业	0.27512	0.00729	0.98	9
采矿	0.20410	0.00451	0.61	10
交通	0.18937	0.00296	0.40	11
医疗卫生	0.09193	0.00175	0.23	12
公共事业	0.08488	0.00162	0.22	13
教育	0.03896	0.00085	0.11	14
房地产及建材	0.03330	0.00028	0.04	15
企业管理	0.02614	0.00007	0.01	16
总计	0.74510			

表 A－30　2019—2021 年宁夏回族自治区各行业新技术吸聚力

行业	遗漏增长（Hall）	新技术吸聚力		排名
		贡献值	占比（%）	
制造业	1. 18679	0. 26054	26. 81	1
餐饮	1. 42009	0. 22351	23. 00	2
零售	1. 20158	0. 20681	21. 28	3
批发	0. 71835	0. 12236	12. 59	4
酒店与住宿	1. 03262	0. 07358	7. 57	5
信息 ICT	0. 67853	0. 04078	4. 20	6
金融银行保险	0. 60184	0. 02080	2. 14	7
艺术娱乐	0. 49739	0. 01021	1. 05	8
生产性服务业	0. 26906	0. 00478	0. 49	9
采矿	0. 19886	0. 00294	0. 30	10
交通	0. 19017	0. 00207	0. 21	11
医疗卫生	0. 09133	0. 00119	0. 12	12
公共事业	0. 08469	0. 00111	0. 11	13
教育	0. 04177	0. 00070	0. 07	14
房地产及建材	0. 02995	0. 00015	0. 02	15
企业管理	0. 03593	0. 00010	0. 01	16
总计	0. 97163			

表 A－31　2019—2021 年新疆维吾尔自治区各行业新技术吸聚力

行业	遗漏增长（Hall）	新技术吸聚力		排名
		贡献值	占比（%）	
零售	1. 27209	0. 30400	31. 59	1
餐饮	1. 39527	0. 24563	25. 52	2
制造业	1. 08634	0. 21568	22. 41	3
信息 ICT	0. 79011	0. 07816	8. 12	4
批发	0. 56284	0. 05963	6. 20	5
金融银行保险	0. 65890	0. 03158	3. 28	6

续表

行业	遗漏增长（Hall）	新技术吸聚力		排名
		贡献值	占比（%）	
生产性服务业	0.31342	0.00828	0.86	7
酒店与住宿	0.41876	0.00722	0.75	8
艺术娱乐	0.36671	0.00565	0.59	9
交通	0.19255	0.00250	0.26	10
医疗卫生	0.09302	0.00147	0.15	11
公共事业	0.08589	0.00135	0.14	12
教育	0.03954	0.00072	0.07	13
采矿	0.07283	0.00036	0.04	14
房地产及建材	0.02303	0.00010	0.01	15
企业管理	0.03008	0.00008	0.01	16
总计	0.96241			

表 B－1　　2019—2021 年北京市各行业新技术吸聚力

行业	遗漏增长（Hall）	新技术吸聚力		排名
		贡献值	占比（%）	
制造业	1.43330	0.45106	40.08	1
餐饮	1.66933	0.32591	28.96	2
零售	1.22554	0.17091	15.18	3
批发	0.65899	0.06769	6.01	4
信息 ICT	0.69609	0.03380	3.00	5
金融银行保险	0.76909	0.03255	2.89	6
艺术娱乐	0.64360	0.01544	1.37	7
采矿	0.34504	0.00941	0.84	8
酒店与住宿	0.47371	0.00637	0.57	9
生产性服务业	0.27096	0.00373	0.33	10
交通	0.24620	0.00294	0.26	11
教育	0.07191	0.00227	0.20	12

续表

行业	遗漏增长（Hall）	新技术吸聚力		排名
		贡献值	占比（%）	
医疗卫生	0.11820	0.00172	0.15	13
公共事业	0.09036	0.00100	0.09	14
企业管理	0.09838	0.00066	0.06	15
房地产及建材	0.02245	0.00006	0.01	16
总计	1.12552			

表 B-2　　2019—2021 年天津市各行业新技术吸聚力

行业	遗漏增长（Hall）	新技术吸聚力		排名
		贡献值	占比（%）	
制造业	1.38463	0.45144	41.55	1
餐饮	1.59374	0.31524	29.01	2
零售	1.11408	0.13927	12.82	3
批发	0.64874	0.07487	6.89	4
信息 ICT	0.69743	0.03983	3.67	5
金融银行保险	0.76072	0.03687	3.39	6
采矿	0.29844	0.00740	0.68	7
酒店与住宿	0.43177	0.00593	0.55	8
艺术娱乐	0.40485	0.00548	0.50	9
生产性服务业	0.26363	0.00408	0.38	10
交通	0.21920	0.00260	0.24	11
医疗卫生	0.09798	0.00127	0.12	12
公共事业	0.08939	0.00114	0.10	13
教育	0.04527	0.00077	0.07	14
企业管理	0.05048	0.00018	0.02	15
房地产及建材	0.03057	0.00014	0.01	16
总计	1.08651			

表 B－3　　2019—2021 年石家庄市各行业新技术吸聚力

行业	遗漏增长（Hall）	新技术吸聚力		排名
		贡献值	占比（%）	
餐饮	1.58757	0.31730	30.10	1
零售	1.32960	0.28385	26.92	2
制造业	1.15687	0.21545	20.44	3
批发	0.72954	0.11908	11.30	4
信息 ICT	0.77561	0.05735	5.44	5
金融银行保险	0.77308	0.03960	3.76	6
艺术娱乐	0.47089	0.00815	0.77	7
生产性服务业	0.29185	0.00538	0.51	8
交通	0.19384	0.00199	0.19	9
采矿	0.16246	0.00166	0.16	10
医疗卫生	0.09854	0.00131	0.12	11
公共事业	0.08592	0.00106	0.10	12
酒店与住宿	0.19996	0.00103	0.10	13
教育	0.04432	0.00074	0.07	14
企业管理	0.04857	0.00017	0.02	15
房地产及建材	0.03066	0.00015	0.01	16
总计	1.05427			

表 B－4　　2019—2021 年太原市各行业新技术吸聚力

行业	遗漏增长（Hall）	新技术吸聚力		排名
		贡献值	占比（%）	
餐饮	1.49409	0.27400	26.92	1
零售	1.27969	0.26719	26.25	2
制造业	1.19063	0.26611	26.15	3
批发	0.62027	0.07165	7.04	4
信息 ICT	0.78639	0.06603	6.49	5
金融银行保险	0.80453	0.04926	4.84	6

续表

行业	遗漏增长（Hall）	新技术吸聚力		排名
		贡献值	占比（%）	
艺术娱乐	0.43537	0.00736	0.72	7
生产性服务业	0.27969	0.00531	0.52	8
采矿	0.23297	0.00438	0.43	9
交通	0.20986	0.00263	0.26	10
医疗卫生	0.09800	0.00143	0.14	11
公共事业	0.08672	0.00119	0.12	12
教育	0.04496	0.00085	0.08	13
企业管理	0.04724	0.00017	0.02	14
酒店与住宿	0.07541	0.00014	0.01	15
房地产及建材	0.02247	0.00008	0.01	16
总计	1.01778			

表 B－5　　2019—2021 年呼和浩特市各行业新技术吸聚力

行业	遗漏增长（Hall）	新技术吸聚力		排名
		贡献值	占比（%）	
餐饮	1.58871	0.38633	37.68	1
零售	1.20074	0.22949	22.38	2
制造业	1.10892	0.22127	21.58	3
批发	0.63673	0.08686	8.47	4
信息 ICT	0.73777	0.05914	5.77	5
金融银行保险	0.64635	0.02831	2.76	6
生产性服务业	0.25916	0.00485	0.47	7
交通	0.20129	0.00263	0.26	8
艺术娱乐	0.23748	0.00196	0.19	9
医疗卫生	0.09270	0.00138	0.13	10
公共事业	0.08474	0.00124	0.12	11
教育	0.04313	0.00084	0.08	12

续表

行业	遗漏增长（Hall）	新技术吸聚力		排名
		贡献值	占比（%）	
酒店与住宿	0. 10487	0. 00032	0. 03	13
采矿	0. 06641	0. 00028	0. 03	14
企业管理	0. 04927	0. 00021	0. 02	15
房地产及建材	0. 02830	0. 00015	0. 01	16
总计	1. 02526			

表 B－6　2019—2021 年沈阳市各行业新技术吸聚力

行业	遗漏增长（Hall）	新技术吸聚力		排名
		贡献值	占比（%）	
餐饮	1. 53311	0. 31073	32. 32	1
零售	1. 19403	0. 20843	21. 68	2
批发	0. 74171	0. 14314	14. 89	3
制造业	1. 00123	0. 13950	14. 51	4
金融银行保险	0. 85012	0. 06004	6. 24	5
信息 ICT	0. 68652	0. 04367	4. 54	6
酒店与住宿	0. 80311	0. 03528	3. 67	7
生产性服务业	0. 32367	0. 00792	0. 82	8
艺术娱乐	0. 40475	0. 00631	0. 66	9
交通	0. 20276	0. 00249	0. 26	10
医疗卫生	0. 09816	0. 00147	0. 15	11
公共事业	0. 08337	0. 00111	0. 12	12
教育	0. 04386	0. 00082	0. 08	13
采矿	0. 07017	0. 00029	0. 03	14
企业管理	0. 04889	0. 00019	0. 02	15
房地产及建材	0. 02936	0. 00015	0. 02	16
总计	0. 96154			

表 B－7　　2019—2021 年长春市各行业新技术吸聚力

行业	遗漏增长（Hall）	新技术吸聚力		排名
		贡献值	占比（%）	
餐饮	1.61946	0.39946	40.18	1
零售	1.19522	0.21556	21.68	2
制造业	0.96460	0.12549	12.62	3
批发	0.65004	0.08951	9.00	4
信息 ICT	0.84585	0.08918	8.97	5
金融银行保险	0.78561	0.04829	4.86	6
生产性服务业	0.30248	0.00684	0.69	7
采矿	0.26108	0.00618	0.62	8
艺术娱乐	0.38501	0.00576	0.58	9
交通	0.20760	0.00271	0.27	10
医疗卫生	0.09258	0.00131	0.13	11
酒店与住宿	0.20826	0.00131	0.13	12
公共事业	0.08683	0.00126	0.13	13
教育	0.04135	0.00073	0.07	14
房地产及建材	0.04263	0.00035	0.04	15
企业管理	0.03970	0.00013	0.01	16
总计	0.99407			

表 B－8　　2019—2021 年哈尔滨市各行业新技术吸聚力

行业	遗漏增长（Hall）	新技术吸聚力		排名
		贡献值	占比（%）	
餐饮	1.49032	0.24733	25.67	1
批发	0.83972	0.21157	21.96	2
零售	1.20801	0.19400	20.14	3
制造业	1.12257	0.19169	19.90	4
信息 ICT	0.80025	0.06380	6.62	5
金融银行保险	0.66114	0.02495	2.59	6

续表

行业	遗漏增长（Hall）	新技术吸聚力		排名
		贡献值	占比（%）	
艺术娱乐	0.52520	0.01079	1.12	7
采矿	0.30480	0.00803	0.83	8
生产性服务业	0.28203	0.00495	0.51	9
交通	0.20446	0.00226	0.23	10
医疗卫生	0.09250	0.00113	0.12	11
公共事业	0.08499	0.00103	0.11	12
房地产及建材	0.06168	0.00072	0.07	13
教育	0.04346	0.00071	0.07	14
酒店与住宿	0.11771	0.00033	0.03	15
企业管理	0.03849	0.00010	0.01	16
总计	0.96339			

表 B-9　2019—2021 年上海市各行业新技术吸聚力

行业	遗漏增长（Hall）	新技术吸聚力		排名
		贡献值	占比（%）	
制造业	1.42094	0.50853	46.65	1
餐饮	1.60697	0.32658	29.96	2
零售	0.98947	0.09119	8.37	3
批发	0.61269	0.06110	5.61	4
信息 ICT	0.68073	0.03698	3.39	5
金融银行保险	0.74631	0.03485	3.20	6
采矿	0.30498	0.00786	0.72	7
艺术娱乐	0.43071	0.00639	0.59	8
生产性服务业	0.27342	0.00447	0.41	9
交通	0.25192	0.00365	0.33	10
酒店与住宿	0.32216	0.00296	0.27	11
医疗卫生	0.11728	0.00198	0.18	12

续表

行业	遗漏增长（Hall）	新技术吸聚力		排名
		贡献值	占比（%）	
教育	0.05606	0.00134	0.12	13
公共事业	0.09421	0.00129	0.12	14
企业管理	0.09645	0.00073	0.07	15
房地产及建材	0.02243	0.00007	0.01	16
总计	1.08997			

表 B－10　　2019—2021 年南京市各行业新技术吸聚力

行业	遗漏增长（Hall）	新技术吸聚力		排名
		贡献值	占比（%）	
制造业	1.43835	0.51809	44.22	1
餐饮	1.69376	0.39155	33.42	2
零售	1.06357	0.11342	9.68	3
金融银行保险	0.83360	0.04725	4.03	4
批发	0.56129	0.04350	3.71	5
信息 ICT	0.67945	0.03542	3.02	6
艺术娱乐	0.42488	0.00595	0.51	7
生产性服务业	0.26590	0.00402	0.34	8
酒店与住宿	0.35072	0.00348	0.30	9
交通	0.23365	0.00292	0.25	10
采矿	0.19068	0.00229	0.20	11
医疗卫生	0.10174	0.00134	0.11	12
公共事业	0.08705	0.00103	0.09	13
教育	0.04666	0.00080	0.07	14
企业管理	0.07365	0.00039	0.03	15
房地产及建材	0.03182	0.00015	0.01	16
总计	1.17160			

表 B-11　　2019—2021 年杭州市各行业新技术吸聚力

行业	遗漏增长（Hall）	新技术吸聚力		排名
		贡献值	占比（%）	
制造业	1.46046	0.52654	46.47	1
餐饮	1.53076	0.24491	21.61	2
零售	1.21375	0.17610	15.54	3
金融银行保险	0.90969	0.05930	5.23	4
批发	0.62029	0.05821	5.14	5
信息 ICT	0.69467	0.03594	3.17	6
艺术娱乐	0.60805	0.01415	1.25	7
酒店与住宿	0.46550	0.00653	0.58	8
生产性服务业	0.26945	0.00393	0.35	9
交通	0.23110	0.00270	0.24	10
医疗卫生	0.10465	0.00136	0.12	11
教育	0.05466	0.00114	0.10	12
企业管理	0.11028	0.00091	0.08	13
公共事业	0.08377	0.00089	0.08	14
采矿	0.09286	0.00042	0.04	15
房地产及建材	0.02136	0.00006	0.01	16
总计	1.13309			

表 B-12　　2019—2021 年合肥市各行业新技术吸聚力

行业	遗漏增长（Hall）	新技术吸聚力		排名
		贡献值	占比（%）	
餐饮	1.66048	0.38784	37.78	1
制造业	1.18206	0.23873	23.25	2
零售	1.08769	0.13248	12.90	3
批发	0.69054	0.09802	9.55	4
酒店与住宿	0.94905	0.05249	5.11	5
金融银行保险	0.81363	0.04714	4.59	6

续表

行业	遗漏增长（Hall）	新技术吸聚力		排名
		贡献值	占比（%）	
信息 ICT	0. 68314	0. 03878	3. 78	7
艺术娱乐	0. 54177	0. 01185	1. 15	8
采矿	0. 31847	0. 00917	0. 89	9
生产性服务业	0. 25826	0. 00402	0. 39	10
交通	0. 21951	0. 00271	0. 26	11
医疗卫生	0. 09518	0. 00123	0. 12	12
公共事业	0. 08340	0. 00100	0. 10	13
教育	0. 04579	0. 00082	0. 08	14
企业管理	0. 05665	0. 00024	0. 02	15
房地产及建材	0. 03228	0. 00017	0. 02	16
总计	1. 02669			

表 B－13　　2019—2021 年福州市各行业新技术吸聚力

行业	遗漏增长（Hall）	新技术吸聚力		排名
		贡献值	占比（%）	
餐饮	1. 61685	0. 37266	36. 11	1
零售	1. 32876	0. 30860	29. 90	2
批发	0. 76103	0. 15335	14. 86	3
金融银行保险	0. 99750	0. 09867	9. 56	4
信息 ICT	0. 72968	0. 05125	4. 97	5
制造业	0. 58637	0. 02393	2. 32	6
艺术娱乐	0. 42908	0. 00704	0. 68	7
生产性服务业	0. 27577	0. 00508	0. 49	8
采矿	0. 23335	0. 00436	0. 42	9
交通	0. 20441	0. 00245	0. 24	10
医疗卫生	0. 11208	0. 00197	0. 19	11
公共事业	0. 09884	0. 00162	0. 16	12

续表

行业	遗漏增长（Hall）	新技术吸聚力		排名
		贡献值	占比（%）	
教育	0.04425	0.00081	0.08	13
企业管理	0.04485	0.00015	0.01	14
酒店与住宿	0.06036	0.00009	0.01	15
房地产及建材	0.01988	0.00006	0.01	16
总计	1.03209			

表 B-14　　2019—2021 年南昌市各行业新技术吸聚力

行业	遗漏增长（Hall）	新技术吸聚力		排名
		贡献值	占比（%）	
餐饮	1.35004	0.25672	30.46	1
零售	1.13542	0.23141	27.46	2
制造业	0.87296	0.11536	13.69	3
批发	0.62070	0.09889	11.73	4
信息 ICT	0.70905	0.06497	7.71	5
金融银行保险	0.72507	0.04940	5.86	6
艺术娱乐	0.37383	0.00699	0.83	7
生产性服务业	0.26131	0.00617	0.73	8
采矿	0.20522	0.00440	0.52	9
交通	0.20342	0.00337	0.40	10
医疗卫生	0.09897	0.00201	0.24	11
公共事业	0.08933	0.00176	0.21	12
教育	0.04207	0.00099	0.12	13
房地产及建材	0.02834	0.00019	0.02	14
企业管理	0.03593	0.00013	0.02	15
酒店与住宿	0.01918	0.00001	0.00	16
总计	0.84277			

表 B－15　　2019—2021 年济南市各行业新技术吸聚力

行业	遗漏增长（Hall）	新技术吸聚力		排名
		贡献值	占比（%）	
餐饮	1.75714	0.56498	52.01	1
零售	1.21824	0.23263	21.41	2
制造业	0.89036	0.09484	8.73	3
批发	0.61961	0.07551	6.95	4
金融银行保险	0.79740	0.05069	4.67	5
信息 ICT	0.65721	0.03940	3.63	6
艺术娱乐	0.53258	0.01298	1.19	7
生产性服务业	0.27727	0.00550	0.51	8
交通	0.20646	0.00268	0.25	9
采矿	0.16547	0.00202	0.19	10
医疗卫生	0.09410	0.00137	0.13	11
公共事业	0.08571	0.00122	0.11	12
酒店与住宿	0.19753	0.00117	0.11	13
教育	0.04556	0.00093	0.09	14
房地产及建材	0.03698	0.00026	0.02	15
企业管理	0.05049	0.00021	0.02	16
总计	1.08639			

表 B－16　　2019—2021 年郑州市各行业新技术吸聚力

行业	遗漏增长（Hall）	新技术吸聚力		排名
		贡献值	占比（%）	
餐饮	1.65160	0.37500	35.29	1
制造业	1.20500	0.25529	24.03	2
零售	1.23494	0.21187	19.94	3
批发	0.70575	0.10527	9.91	4
信息 ICT	0.74922	0.05144	4.84	5
金融银行保险	0.76830	0.03903	3.67	6

续表

行业	遗漏增长（Hall）	新技术吸聚力		排名
		贡献值	占比（%）	
艺术娱乐	0.49423	0.00925	0.87	7
生产性服务业	0.27876	0.00481	0.45	8
采矿	0.24248	0.00442	0.42	9
交通	0.20652	0.00232	0.22	10
医疗卫生	0.09746	0.00129	0.12	11
公共事业	0.08496	0.00103	0.10	12
教育	0.04495	0.00077	0.07	13
房地产及建材	0.04136	0.00028	0.03	14
企业管理	0.05390	0.00021	0.02	15
酒店与住宿	0.09022	0.00019	0.02	16
总计	1.06247			

表 B-17　2019—2021 年武汉市各行业新技术吸聚力

行业	遗漏增长（Hall）	新技术吸聚力		排名
		贡献值	占比（%）	
制造业	1.36273	0.43416	40.17	1
餐饮	1.54456	0.28695	26.55	2
零售	1.18525	0.18163	16.80	3
批发	0.62976	0.06947	6.43	4
金融银行保险	0.82344	0.04866	4.50	5
信息 ICT	0.70090	0.04179	3.87	6
生产性服务业	0.26591	0.00430	0.40	7
艺术娱乐	0.35502	0.00412	0.38	8
采矿	0.20512	0.00293	0.27	9
交通	0.22398	0.00283	0.26	10
医疗卫生	0.09825	0.00132	0.12	11
教育	0.05459	0.00128	0.12	12

续表

行业	遗漏增长（Hall）	新技术吸聚力		排名
		贡献值	占比（%）	
公共事业	0.08459	0.00103	0.10	13
企业管理	0.06578	0.00032	0.03	14
房地产及建材	0.02295	0.00008	0.01	15
酒店与住宿	0.05221	0.00006	0.01	16
总计	1.08093			

表 B－18　2019—2021 年长沙市各行业新技术吸聚力

行业	遗漏增长（Hall）	新技术吸聚力		排名
		贡献值	占比（%）	
餐饮	1.61925	0.44194	45.29	1
零售	1.16999	0.21988	22.54	2
批发	0.65030	0.09922	10.17	3
制造业	0.82473	0.08082	8.28	4
金融银行保险	0.80945	0.05865	6.01	5
信息 ICT	0.69565	0.05191	5.32	6
采矿	0.26586	0.00717	0.73	7
生产性服务业	0.26438	0.00539	0.55	8
交通	0.21639	0.00331	0.34	9
艺术娱乐	0.25800	0.00250	0.26	10
医疗卫生	0.10367	0.00191	0.20	11
公共事业	0.08667	0.00139	0.14	12
教育	0.04781	0.00116	0.12	13
企业管理	0.05717	0.00030	0.03	14
房地产及建材	0.02142	0.00009	0.01	15
酒店与住宿	0.03871	0.00004	0.00	16
总计	0.97568			

表 B－19　　2019—2021 广州市各行业新技术吸聚力

行业	遗漏增长（Hall）	新技术吸聚力		排名
		贡献值	占比（%）	
制造业	1. 74124	0. 89245	65. 78	1
餐饮	1. 57272	0. 19276	14. 21	2
零售	1. 20775	0. 12202	8. 99	3
批发	0. 72719	0. 07421	5. 47	4
金融银行保险	0. 82349	0. 03041	2. 24	5
信息 ICT	0. 65960	0. 02161	1. 59	6
艺术娱乐	0. 57642	0. 00867	0. 64	7
采矿	0. 34353	0. 00702	0. 52	8
生产性服务业	0. 26453	0. 00265	0. 20	9
交通	0. 22085	0. 00171	0. 13	10
医疗卫生	0. 10994	0. 00109	0. 08	11
公共事业	0. 08665	0. 00068	0. 05	12
教育	0. 04981	0. 00063	0. 05	13
酒店与住宿	0. 19687	0. 00063	0. 05	14
企业管理	0. 06305	0. 00018	0. 01	15
房地产及建材	0. 02477	0. 00006	0. 00	16
总计	1. 35678			

表 B－20　　2019—2021 年南宁市各行业新技术吸聚力

行业	遗漏增长（Hall）	新技术吸聚力		排名
		贡献值	占比（%）	
餐饮	1. 45779	0. 27848	29. 46	1
零售	1. 20186	0. 23331	24. 68	2
制造业	1. 02266	0. 16466	17. 42	3
批发	0. 67739	0. 11039	11. 68	4
金融银行保险	0. 91710	0. 08384	8. 87	5
信息 ICT	0. 69694	0. 04997	5. 29	6

续表

行业	遗漏增长（Hall）	新技术吸聚力		排名
		贡献值	占比（%）	
酒店与住宿	0. 41867	0. 00692	0. 73	7
生产性服务业	0. 27766	0. 00583	0. 62	8
艺术娱乐	0. 35552	0. 00504	0. 53	9
交通	0. 18896	0. 00230	0. 24	10
医疗卫生	0. 09410	0. 00145	0. 15	11
公共事业	0. 08337	0. 00121	0. 13	12
采矿	0. 12277	0. 00107	0. 11	13
教育	0. 03998	0. 00071	0. 07	14
房地产及建材	0. 02532	0. 00012	0. 01	15
企业管理	0. 03375	0. 00009	0. 01	16
总计	0. 94539			

表 B－21　　2019—2021 年海口市各行业新技术吸聚力

行业	遗漏增长（Hall）	新技术吸聚力		排名
		贡献值	占比（%）	
制造业	1. 25735	0. 35256	33. 95	1
餐饮	1. 52313	0. 31238	30. 08	2
零售	1. 16729	0. 19718	18. 99	3
批发	0. 62077	0. 07594	7. 31	4
信息 ICT	0. 73803	0. 05669	5. 46	5
金融银行保险	0. 65502	0. 02816	2. 71	6
艺术娱乐	0. 34961	0. 00458	0. 44	7
生产性服务业	0. 25724	0. 00456	0. 44	8
交通	0. 19117	0. 00223	0. 22	9
医疗卫生	0. 09786	0. 00150	0. 14	10
公共事业	0. 08380	0. 00116	0. 11	11
教育	0. 04059	0. 00070	0. 07	12

续表

行业	遗漏增长（Hall）	新技术吸聚力		排名
		贡献值	占比（%）	
采矿	0.09968	0.00064	0.06	13
房地产及建材	0.02689	0.00013	0.01	14
企业管理	0.03038	0.00007	0.01	15
酒店与住宿	0.04321	0.00005	0.00	16
总计	1.03853			

表 B－22　　2019—2021 年成都市各行业新技术吸聚力

行业	遗漏增长（Hall）	新技术吸聚力		排名
		贡献值	占比（%）	
餐饮	1.66650	0.40660	36.63	1
制造业	1.32358	0.39659	35.73	2
零售	1.10436	0.14465	13.03	3
批发	0.59211	0.05807	5.23	4
信息 ICT	0.69830	0.04290	3.86	5
金融银行保险	0.76628	0.04044	3.64	6
艺术娱乐	0.45392	0.00779	0.70	7
生产性服务业	0.26884	0.00459	0.41	8
交通	0.21712	0.00272	0.25	9
医疗卫生	0.10440	0.00159	0.14	10
酒店与住宿	0.21779	0.00131	0.12	11
公共事业	0.08480	0.00107	0.10	12
教育	0.04828	0.00097	0.09	13
企业管理	0.06752	0.00036	0.03	14
采矿	0.06260	0.00021	0.02	15
房地产及建材	0.02509	0.00011	0.01	16
总计	1.10995			

表 B－23　　2019—2021 年贵阳市各行业新技术吸聚力

行业	遗漏增长（Hall）	新技术吸聚力		排名
		贡献值	占比（%）	
餐饮	1.62915	0.48091	47.95	1
零售	1.08697	0.17736	17.68	2
制造业	1.00032	0.16825	16.78	3
批发	0.60841	0.08297	8.27	4
信息 ICT	0.66831	0.04862	4.85	5
金融银行保险	0.62151	0.02845	2.84	6
生产性服务业	0.26579	0.00580	0.58	7
交通	0.20194	0.00298	0.30	8
艺术娱乐	0.19383	0.00140	0.14	9
医疗卫生	0.08860	0.00139	0.14	10
公共事业	0.08368	0.00135	0.13	11
酒店与住宿	0.19403	0.00132	0.13	12
采矿	0.12216	0.00118	0.12	13
教育	0.03989	0.00078	0.08	14
企业管理	0.03752	0.00013	0.01	15
房地产及建材	0.01716	0.00006	0.01	16
总计	1.00295			

表 B－24　　2019—2021 年昆明市各行业新技术吸聚力

行业	遗漏增长（Hall）	新技术吸聚力		排名
		贡献值	占比（%）	
制造业	1.12514	0.24450	26.76	1
餐饮	1.35472	0.21761	23.82	2
零售	1.11896	0.18341	20.07	3
批发	0.66973	0.10905	11.93	4
信息 ICT	0.76795	0.07035	7.70	5
金融银行保险	0.85737	0.06940	7.59	6

续表

行业	遗漏增长（Hall）	新技术吸聚力		排名
		贡献值	占比（%）	
生产性服务业	0. 28183	0. 00624	0. 68	7
采矿	0. 19691	0. 00333	0. 36	8
艺术娱乐	0. 28985	0. 00322	0. 35	9
交通	0. 20556	0. 00289	0. 32	10
医疗卫生	0. 09366	0. 00147	0. 16	11
公共事业	0. 08238	0. 00121	0. 13	12
教育	0. 03901	0. 00069	0. 08	13
房地产及建材	0. 02837	0. 00016	0. 02	14
企业管理	0. 03726	0. 00012	0. 01	15
酒店与住宿	0. 06025	0. 00010	0. 01	16
总计	0. 91376			

表 B－25　　2019—2021 年拉萨市各行业新技术吸聚力

行业	遗漏增长（Hall）	新技术吸聚力		排名
		贡献值	占比（%）	
零售	1. 15058	0. 36078	51. 29	1
批发	0. 55964	0. 10252	14. 58	2
信息 ICT	0. 71856	0. 10055	14. 29	3
金融银行保险	0. 67259	0. 05874	8. 35	4
餐饮	0. 70443	0. 04849	6. 89	5
生产性服务业	0. 27150	0. 01007	1. 43	6
制造业	0. 31981	0. 00999	1. 42	7
交通	0. 16105	0. 00290	0. 41	8
医疗卫生	0. 09691	0. 00284	0. 40	9
公共事业	0. 08408	0. 00225	0. 32	10
艺术娱乐	0. 19079	0. 00223	0. 32	11
教育	0. 03683	0. 00106	0. 15	12

续表

行业	遗漏增长（Hall）	新技术吸聚力		排名
		贡献值	占比（%）	
房地产及建材	0.03653	0.00048	0.07	13
酒店与住宿	0.07429	0.00028	0.04	14
采矿	0.03174	0.00011	0.02	15
企业管理	0.02499	0.00009	0.01	16
总计	0.70338			

表 B－26　　2019—2021 年重庆市各行业新技术吸聚力

行业	遗漏增长（Hall）	新技术吸聚力		排名
		贡献值	占比（%）	
制造业	1.31869	0.37309	33.58	1
餐饮	1.64995	0.37286	33.56	2
零售	1.16028	0.16630	14.97	3
批发	0.63842	0.07245	6.52	4
金融银行保险	0.87989	0.05971	5.37	5
信息 ICT	0.74526	0.05048	4.54	6
艺术娱乐	0.39341	0.00524	0.47	7
生产性服务业	0.26280	0.00415	0.37	8
交通	0.20942	0.00239	0.22	9
医疗卫生	0.10450	0.00152	0.14	10
公共事业	0.08421	0.00101	0.09	11
采矿	0.12147	0.00085	0.08	12
教育	0.04425	0.00074	0.07	13
企业管理	0.05147	0.00019	0.02	14
房地产及建材	0.02359	0.00008	0.01	15
酒店与住宿	0.02563	0.00001	0.00	16
总计	1.11107			

表 B-27 2019—2021 年西安市各行业新技术吸聚力

行业	遗漏增长（Hall）	新技术吸聚力		排名
		贡献值	占比（%）	
制造业	1. 37928	0. 47866	45. 31	1
餐饮	1. 43639	0. 22576	21. 37	2
零售	1. 15919	0. 17433	16. 50	3
金融银行保险	0. 84890	0. 05597	5. 30	4
信息 ICT	0. 71808	0. 04713	4. 46	5
批发	0. 55057	0. 04559	4. 32	6
艺术娱乐	0. 52469	0. 01133	1. 07	7
采矿	0. 26863	0. 00605	0. 57	8
生产性服务业	0. 28008	0. 00512	0. 48	9
交通	0. 21214	0. 00259	0. 25	10
医疗卫生	0. 10247	0. 00153	0. 14	11
公共事业	0. 08566	0. 00111	0. 10	12
教育	0. 04628	0. 00088	0. 08	13
企业管理	0. 05968	0. 00027	0. 03	14
房地产及建材	0. 02929	0. 00014	0. 01	15
酒店与住宿	0. 01513	0. 00001	0. 00	16
总计	1. 05647			

表 B-28 2019—2021 年兰州市各行业新技术吸聚力

行业	遗漏增长（Hall）	新技术吸聚力		排名
		贡献值	占比（%）	
餐饮	1. 51777	0. 35636	37. 54	1
零售	1. 14326	0. 21086	22. 22	2
制造业	1. 02095	0. 17893	18. 85	3
批发	0. 60589	0. 08064	8. 50	4
信息 ICT	0. 68617	0. 05204	5. 48	5
金融银行保险	0. 73677	0. 04602	4. 85	6

续表

行业	遗漏增长（Hall）	新技术吸聚力		排名
		贡献值	占比（%）	
艺术娱乐	0. 42077	0. 00828	0. 87	7
生产性服务业	0. 29543	0. 00746	0. 79	8
交通	0. 20781	0. 00315	0. 33	9
医疗卫生	0. 09146	0. 00148	0. 16	10
公共事业	0. 08386	0. 00134	0. 14	11
采矿	0. 11964	0. 00111	0. 12	12
教育	0. 04176	0. 00086	0. 09	13
酒店与住宿	0. 11281	0. 00041	0. 04	14
房地产及建材	0. 02658	0. 00014	0. 02	15
企业管理	0. 03246	0. 00010	0. 01	16
总计	0. 94918			

表 B－29　2019—2021 年西宁市各行业新技术吸聚力

行业	遗漏增长（Hall）	新技术吸聚力		排名
		贡献值	占比（%）	
制造业	0. 98338	0. 17778	22. 63	1
信息 ICT	0. 91671	0. 15637	19. 90	2
餐饮	1. 16293	0. 15326	19. 51	3
零售	0. 96240	0. 12974	16. 51	4
批发	0. 57943	0. 07877	10. 03	5
金融银行保险	0. 67653	0. 04079	5. 19	6
酒店与住宿	0. 65721	0. 02737	3. 48	7
采矿	0. 24207	0. 00673	0. 86	8
生产性服务业	0. 26404	0. 00642	0. 82	9
交通	0. 19091	0. 00294	0. 37	10
医疗卫生	0. 09264	0. 00174	0. 22	11
公共事业	0. 08689	0. 00167	0. 21	12

续表

行业	遗漏增长（Hall）	新技术吸聚力		排名
		贡献值	占比（%）	
艺术娱乐	0.14603	0.00085	0.11	13
教育	0.03902	0.00083	0.11	14
房地产及建材	0.03468	0.00029	0.04	15
企业管理	0.03048	0.00010	0.01	16
总计	0.78565			

表 B-30　2019—2021 年银川市各行业新技术吸聚力

行业	遗漏增长（Hall）	新技术吸聚力		排名
		贡献值	占比（%）	
制造业	1.26527	0.28602	27.95	1
零售	1.25157	0.20417	19.95	2
餐饮	1.38799	0.17258	16.87	3
金融银行保险	1.07391	0.10773	10.53	4
批发	0.66703	0.07785	7.61	5
酒店与住宿	0.99756	0.05546	5.42	6
艺术娱乐	0.95475	0.05421	5.30	7
信息 ICT	0.75034	0.04725	4.62	8
采矿	0.33616	0.00962	0.94	9
生产性服务业	0.26368	0.00383	0.37	10
交通	0.19172	0.00178	0.17	11
医疗卫生	0.09216	0.00103	0.10	12
公共事业	0.08403	0.00092	0.09	13
教育	0.04124	0.00057	0.06	14
企业管理	0.04743	0.00015	0.01	15
房地产及建材	0.01996	0.00005	0.01	16
总计	1.02322			

表 B-31　2019—2021 年乌鲁木齐市各行业新技术吸聚力

行业	遗漏增长（Hall）	新技术吸聚力		排名
		贡献值	占比（%）	
餐饮	1.47763	0.33426	34.68	1
制造业	1.09769	0.24542	25.46	2
零售	1.14606	0.22170	23.00	3
信息 ICT	0.74295	0.06981	7.24	4
批发	0.48888	0.04113	4.27	5
金融银行保险	0.63622	0.03123	3.24	6
生产性服务业	0.31382	0.00908	0.94	7
艺术娱乐	0.27544	0.00316	0.33	8
交通	0.19741	0.00290	0.30	9
医疗卫生	0.09660	0.00176	0.18	10
公共事业	0.08692	0.00152	0.16	11
教育	0.04138	0.00088	0.09	12
采矿	0.09341	0.00067	0.07	13
酒店与住宿	0.07610	0.00019	0.02	14
企业管理	0.03749	0.00013	0.01	15
房地产及建材	0.02107	0.00009	0.01	16
总计	0.96393			

表 C-1　2019—2021 年一线城市各行业新技术吸聚力

行业	遗漏增长（Hall）	新技术吸聚力		排名
		贡献值	占比（%）	
制造业	1.46565	0.54094	47.49	1
餐馆	1.58195	0.28236	24.79	2
零售	1.14783	0.14371	12.62	3
批发	0.65973	0.07349	6.45	4
金融银行保险	0.80750	0.04091	3.59	5
信息 ICT	0.69013	0.03558	3.12	6

续表

行业	遗漏增长（Hall）	新技术吸聚力		排名
		贡献值	占比（%）	
艺术娱乐	0.46699	0.00720	0.63	7
生产性服务业	0.27078	0.00402	0.35	8
采矿	0.22676	0.00336	0.29	9
交通	0.22286	0.00250	0.22	10
医疗卫生	0.10741	0.00147	0.13	11
酒店与住宿	0.21155	0.00106	0.09	12
教育	0.05209	0.00102	0.09	13
公共事业	0.08514	0.00093	0.08	14
企业管理	0.06871	0.00032	0.03	15
房地产及建材	0.02640	0.00010	0.01	16
总计	1.13897			

表 C-2　　2019—2021 年二线城市各行业新技术吸聚力

行业	遗漏增长（Hall）	新技术吸聚力		排名
		贡献值	占比（%）	
制造业	1.43026	0.49475	44.77	1
餐馆	1.50401	0.23647	21.40	2
零售	1.16270	0.15456	13.99	3
批发	0.72072	0.10506	9.51	4
金融银行保险	0.88996	0.05713	5.17	5
信息 ICT	0.70315	0.03865	3.50	6
艺术娱乐	0.46950	0.00748	0.68	7
生产性服务业	0.25984	0.00372	0.34	8
交通	0.20101	0.00200	0.18	9
采矿	0.17698	0.00188	0.17	10
医疗卫生	0.09601	0.00114	0.10	11
公共事业	0.08499	0.00095	0.09	12

续表

行业	遗漏增长（Hall）	新技术吸聚力		排名
		贡献值	占比（%）	
教育	0.04369	0.00066	0.06	13
酒店与住宿	0.14164	0.00045	0.04	14
房地产及建材	0.02938	0.00012	0.01	15
企业管理	0.03914	0.00010	0.01	16
总计	1.10512			

表 C－3　2019—2021 年三线城市各行业新技术吸聚力

行业	遗漏增长（Hall）	新技术吸聚力		排名
		贡献值	占比（%）	
制造业	1.46357	0.48381	41.13	1
餐馆	1.64586	0.29907	25.43	2
零售	1.20314	0.15485	13.16	3
批发	0.76821	0.11873	10.09	4
金融银行保险	0.97207	0.06736	5.73	5
信息 ICT	0.69818	0.03322	2.82	6
艺术娱乐	0.55447	0.01008	0.86	7
生产性服务业	0.28289	0.00404	0.34	8
交通	0.19193	0.00158	0.13	9
医疗卫生	0.09403	0.00095	0.08	10
公共事业	0.08540	0.00085	0.07	11
采矿	0.12469	0.00073	0.06	12
教育	0.04277	0.00055	0.05	13
酒店与住宿	0.11504	0.00026	0.02	14
房地产及建材	0.03110	0.00012	0.01	15
企业管理	0.03358	0.00006	0.01	16
总计	1.17626			

参考文献

陈秋霖、许多、周羿：《人口老龄化背景下人工智能的劳动力替代效应——基于跨国面板数据和中国省级面板数据的分析》，《中国人口科学》2018 年第 6 期。

陈永伟：《人工智能与经济学：关于近期文献的一个综述》，《东北财经大学学报》2018 年第 3 期。

程虹、陈文津、李唐：《机器人在中国：现状、未来与影响——来自中国企业—劳动力匹配调查（CEES）的经验证据》，《宏观质量研究》2018 年第 3 期。

邓洲：《工业机器人发展及其对就业影响》，《地方财政研究》2016 年第 6 期。

胡伟等：《中国产业结构变迁的区域特征与空间格局演变》，《南京社会科学》2018 年第 8 期。

教育部：《关于公布 2019 年度普通高等学校本科专业备案和审批结果的通知》，2020 年。

陆铭、高虹、佐藤宏：《城市规模与包容性就业》，《中国社会科学》2012 年第 10 期。

任宗强、陈淑娴：《人机协同创新：面向智能制造的创新新范式》，《清华管理评论》2021 年第 11 期。

孙杭生、丁庆蔚：《日本“世界工厂”繁荣期的制造业转型升级》，《商业研究》2010 年第 10 期。

孙早、侯玉琳：《工业智能化如何重塑劳动力就业结构》，《中国工业经济》2019 年第 5 期。

田芬、黄东石、秦艳梅：《支持中小企业发展的融资体系研究》，经济科学出版社 2012 年版。

原小能：《制造业创新与服务业创新：比较与融合》，《财贸研究》2009 年第 3 期。

赵杰：《我国工业机器人发展现状与面临的挑战》，《航空制造技术》2012 年第 12 期。

Acemoglu, Daron, and David H. Autor., "Skills, Tasks, and Technologies: Impli-cations for Employment and Earnings", *Handbook of Labor Economics*, Vol. 4, Part B, 2011.

Acemoglu, D., Lelarge, C., Restrepo, P., "Competing with Robots: Firm-Level Evidence from France", *AEA Papers and Proceedings*, 2020A, 110.

Acemoglu, D., Restrepo, P., "Robots and Jobs: Evidence from US Labor Markets", *Journal of Political Economy*, 2020B, Vol. 128, No. 6.

Aghion, P., Akcigit, U. & Howitt, P., "What Do We Learn From Schumpeterian Growth Theory?", *Scholarly Articles*, 2013.

Aghion P., Akcigit U., Hyytinen A., et al., *The Social Origins of Inventors*, National Bureau of Economic Research, 2017.

Aghion, P., Bergeaud, A., Boppart, T., Klenow, P. & Li, H., "Missing Growth from Creative Destruction", *American Economic Review*, 2019, Vol. 109, No. 8.

Aghion, P., Howitt, P., "A Model of Growth through Creative Destruction", *Econometrica*, 1992, Vol. 60, No. 2.

Aghion, P., Howitt, P., *Endogenous Growth Theory*, Cambridge MA: MIT Press, 1998.

Aghion, P., Howitt, P., "On the Macroeconomic Effects of Major Technological Change", *Annals of Economics and Statistics*, 1998.

Akcigit, U., Kerr, W., "Growth Through Heterogeneous Innovations", *Social Science Electronic Publishing*, 2018.

Autor, D. H., Levy, F., Murnane, R. J., "The Skill Content of Recent Technological Change: An Empirical Exploration", *The Quarterly Journal of Economics*, 2003, Vol. 118, No. 4.

Autor, D. H., "Outsourcing at Will: The Contribution of Unjust Dismissal Doctrine to the Growth of Employment Outsourcing", *Journal of Labor Economics*, 2003, Vol. 21, No. 1.

Bessen, J., "Automation and Jobs: When Technology Boosts Employment", *Economic Policy*, 2019, Vol. 34, No. 100.

Bils, M., Klenow, P. J., Malin, B. A., "Reset Price Inflation and the Impact of Monetary Shocks", *NBER Working Paper* 14787. 2009.

Bils, M., Klenow, P. J., "Quantifying Quality Growth", *The American Economic Review*, 2001, Vol. 91, No. 4.

Blom, Andreas, Reehana Rana, Crispus Kiamb, Him Bayusuf, and Mariam Adil, "Expanding Tertiary Education for Well-Paid Jobs: Competitiveness and Shared Prosperity in Kenya", World Bank, Washington, DC. 2016.

Bloom, N., Sadun, R., Van Reenen, J., "Americans Do it Better: US Multinationals and The Productivity Miracle", *American Economic Review*, 2012, Vol. 102, No. 1.

Galor, O., "Twin Engines of Growth: Skills and Technology as Equal Partners in Balanced Growth", *Journal of Economic Growth*, 2002, Vol. 7, No. 2.

Graetz, G., Michaels, G., "New Technologies and The Labor MarketIs Modern Technology Responsible for Jobless Recoveries?", *American Economic Review: Papers & Proceedings*, 2017, Vol. 107, No. 5.

Gregory, T. , Salomons, A. , and Zierahn, U. , "Racing With or Against the Machine?", 2016, Evidence from Europe, ZEW Centre for European Economic Research Discussion Paper, No. 16 – 053.

Horri, H. , Iwaisako, T. , "Economic Growth with Imperfect Protection of Intellectual Property Rights", *Journal of Economics*, 2007, Vol. 90, No. 1.

Howitt, P. , "Endogenous Growth and Cross-country Income Differences", *American Economic Review*, 2000, Vol. 90, No. 4.

Howitt, P. , *Endogenous Growth Theory*, Cambridge: MIT Press, 1998.

Iwaisako, T. , Futagami, K. , "Patent Policy in an Endogenous Growth Model", *Journal of Economics*, 2003, Vol. 78, No. 3.

Korinek, A. , Stiglitz, J. E. , *Artificial Intelligence*, *Globalization*, *and Strategies for Economic Development*, National Bureau of Economic Research, 2021.

Korinek, A. , Stiglitz, J. E. , Steering Technological Progress, NBER Conference on the Economics of AI. 2020.

Kosempel, S. , "A Theory of Development and Long Run Growth", *Journal of Development Economics*, 2004.

Lewis, F. , "Trade Adjustment Assistance and Pareto Gains from Trade", *Journal of International Economics*, 1994, 36.

Minniti, A. , Parello, C. P. & Segerstrom, P. S. , "A Schumpeterian Growth Model with Random Quality Improvements", *Economic Theory*, 2013, Vol. 52, No. 2.

Papageorgiou, C. , Perez-Sebastian, F. , "Is the Asymptotic Speed of Convergence a Good Proxy for the Transitional Growth Path?", *Journal of money credit and banking*, 2007, Vol. 39, No. 1.

Piva, M. and Vivarelli, M. , "Technological Change and Employment: Some Micro Evidence from Italy", *Applied Economics Letters*,

2006.

Sener, F., "R&D Policies, Endogenous Growth and Scale Effects", *Journal of Economic Dynamics and Control*, 2008, Vol. 32, No. 12.

Sundbo, J., Gallouj, F., "Innovation in Services in Seven European Countries: The Results of Work Packages 3 – 4 of the SI4S Project", Doctoral Dissertation, Universite Lile 1, Clerse; Roskilde University.

Weinstein, B., "Product Creation and Destruction: Evidence and Price Implications", *American Economic Review*, 2010, Vol. 100, No. 3.

World Economic Forum, V. *The Future of Jobs Report*, Retrieved from Geneva, 2020.

Yan, C., Gong, L., *Growth Effects of Fiscal Policy in an Endogenous Growth Model with Capital Accumulation and Innovation*, Peking University, 2007.

Zeng, J., "Physical and Human Capital Accumulation, R&D and Economic Growth", *Southern Economic Journal*, 1997, Vol. 63, No. 4.

2022 世界机器人大会发布：《中国机器人产业发展报告（2022年）》（http://lib.ia.ac.cn/news/newsdetail/68443）。

波士顿咨询公司：《用机器人流程自动化和人工智能驱动服务型经济》（http://www.rpa-pdf.oss-cn-hangzhou.aliyuncs.com/BCG：用 RPA 和 AI 驱动服务型经济 . pdf）。

工业和信息化部等 4 部门：《2021 年度智能制造示范工厂揭榜单位和优秀场景名单》（https://www.ncsti.gov.cn/kjdt/tzgg/202202/t20220218_59474.html）。

工业和信息化部等 8 部门：《"十四五"智能制造发展规划》（http://www.gov.cn/zhengce/zhengceku/2021 – 12/28/5664996/

files/a22270cdb0504e518a7630fa318dbcd8. pdf)。

国家统计局：《第七次全国人口普查公报》（http：//www. gov. cn/guoqing/2021 -05/13/content_ 5606149. htm）。

国家统计局：《第四次全国经济普查公报（第一号）》（http：//www. gov. cn/xinwen/2019 -11/20/content_ 5453895. htm）。

国金证券：《机器人行业深度研究：机器人新纪元开启，Tesla Bot 带来新猜想》（http：//www. hibor. com. cn/repinfodetail_ 17556 28. html）。

汇聚数据，城市数据查询平台（https：//www. gotohui. com）。

马克数据网：《全国分省—机器人安装密度原始 + 测算（2006—2019 年）》，2022 年，https：//www. macrodatas. cn/article/114 7466958。

平安证券：《人形机器人产业链投资机遇：人形机器人，蓄势待发，部件先行》（http：//www. hywdb. com/100 133. html）。

神经信息处理大会，NeurIPS 2002 Fact Sheet（https：//media. neurips. cc/Conferences/NeurIPS2022/NeurIPS_ 2022_ Fact_ Sheet. pdf）。

《十五部门关于印发〈“十四五”机器人产业发展规划〉的通知》（http：//www. gov. cn/zhengce/zhengceku/2021 -12/28/content_ 5664988. htm）。

中国机器人产业发展报告编辑部：《中国机器人产业发展报告（2021 年）》，2022（http：//www. cnki. com. cn/Article/CJFDTotal-JSFY20 2106004. htm）。

Industrial Robots，IFR（https：//ifr. org/industrial-robots）.

ISO 8373：2012 Robots and Robotic Devicel-Vocabulary，Article 2. 10（https：//www. iso. org/obp/ui/# iso：std：iso：8373：ed -2：v1：en：term：4. 3）.

ISO 8373：2012 Robots and Robotic Devicel-Vocabulary，Article 2. 6（https：//www. iso. org/obp/ui/#iso：std：iso：8373：ed -2：v1：

en: term: 4.3).

ISO 8373: 2012 Robots and Robotic Devicel-Vocabulary, Article 2.9, https: //www.iso.org/obp/ui/#iso: std: iso: 8373: ed -2: v1: en: term: 4.3.

Jaimovich, N., & Siu, H. E., "The Trend is the Cycle: Job Polarization and Jobless Recoveries", 2014, http: //www.nirjaimovich.com/assets/jpjr.pdf (accessed February 24, 2017).

James Manyika, Automation and Altruism (http: //www.mckinsey.com/mgi/overview/in-the-news/automation-and-Altruism).

魏翔，中国社会科学院财经战略研究院研究员，中国社会科学院大学商学院教授、博士生导师，研究方向为闲暇经济、时间配置与新人力资本、数字经济。

夏杰长，中国社会科学院财经战略研究院研究员，中国社会科学院大学商学院教授、博士生导师，研究方向为服务经济、数字经济、经济政策分析。

仲一鸣，爱彼迎（中国）中央公共政策负责人，首都经济贸易大学旅游研究中心研究员。研究方向为数字化管理、国际旅游市场营销、旅游乡村振兴。